Tut dies zu meinem Gedächtnis

Tipp für die Eltern

Die Autoren des vorliegenden Werkbuchs
„Tut dies zu meinem Gedächtnis“
haben ein unterstützendes Buch für die Eltern der Erstkommunionkinder verfasst:

Hermine König/Karl Heinz König

Tut dies zu meinem Gedächtnis

Elternheft

Mütter und Väter begleiten ihre Kinder zur Erstkommunion
64 Seiten. Zahlreiche farbige Abbildungen
ISBN 3-466-50665-4

Viele Tipps und Informationen für Eltern, damit sie ihre Kinder während der Zeit der Vorbereitung verständnisvoll begleiten und das Fest der Erstkommunion schön miteinander feiern können.

Hermine König / Karl Heinz König
Karl Joseph Klöckner

Tut dies zu meinem Gedächtnis

Werkbuch zur Vorbereitung auf die Erstkommunion

Völlig überarbeitete Neuausgabe

Kösel-Verlag

Inhalt

Hallo!

Liebes Mädchen, lieber Junge!

Du hast das Buch sicher schon durchgeblättert und gemerkt, es ist ein buntes Buch voller Bilder, Spiele, Geschichten, Gedichte, Lieder und Gebete. Du kannst auch selber darin malen oder schreiben. Wir haben zwar vieles für euch Kinder ausgedacht, aber ihr sollt euer eigenes Buch daraus machen.

Dein Buch heißt: Tut dies zu meinem Gedächtnis. „Was soll denn das bedeuten?", wirst du vielleicht fragen. Das ist ein uralter Satz, der schon fast 2000 Jahre alt ist. Jesus hat ihn ausgesprochen, als er abends mit seinen Freunden beim Abschiedsessen saß, bevor ihn Soldaten gefangen nahmen. Seit alters her wird es das Letzte Abendmahl genannt. Jesus wollte, dass wir dieses Mahl zu seinem Gedächtnis immer wieder feiern, zum Zeichen, dass er bei uns ist. Das machen seitdem auch alle diejenigen, die sich zu seinen Freunden und Freundinnen zählen, und stell dir vor, das nun schon fast 2000 Jahre lang! Daraus ist unsere Messfeier entstanden.

Du kannst dir bestimmt denken, dass in dieser langen Zeit die Menschen immer wieder neue Ideen für diese Feier hatten. So ist es heute nicht immer leicht, das alles zu begreifen. Da geht es uns Erwachsenen nicht anders als dir. Du möchtest nun mit anderen Kindern in den nächsten Monaten darauf vorbereitet werden, das alles besser kennen zu lernen, um richtig mitfeiern zu können. Tja, da haben wir uns überlegt: Wir versuchen, dir und anderen Kindern dabei zu helfen. So haben wir mit viel Spaß das Buch für euch gemacht. Wir hoffen, es gefällt dir. Vielleicht findest du dieses oder jenes richtig spannend und staunst, wie viel das alles mit deinem Leben zu tun hat. Vielleicht kannst du auch ein wenig spüren: Jesus will auch dein Freund sein.

Wir, die wir das Buch für dich ausgedacht und gemacht haben, wünschen dir viel Freude damit!

Hermine König
Karl Heinz König
Karl Joseph Klöckner

Niemand lebt für sich allein

1

Spiele, die uns zusammenführen können

Sich kennen lernen

Suche dir ein Kind aus der Gruppe aus, das du gerne malen möchtest. Das ausgesuchte Kind malt dann dich. Nimm dir Zeit und male dein Partnerkind schön groß über das ganze Blatt. Willst du das Kind von Kopf bis Fuß malen oder nur ein Brustbild? Schreibe auf die Rückseite des Bildes den Namen des dargestellten Kindes, den du aber nicht verraten darfst. Dann hängt ihr alle Bilder nebeneinander auf. – Mal sehen, ob ihr alle Kinder wiedererkennt. Sprecht darüber, woran ihr sie erkannt habt, was daran typisch ist und was nicht.

Begrüßen und verabschieden

Sucht euch ein Kind aus, mit dem ihr dieses Spiel spielen möchtet. Fasst euch paarweise an der Hand und spaziert durch den Raum. Immer wenn ihr unterwegs einem anderen Paar begegnet, begrüßt euch freundlich mit einer tiefen Verbeugung. Auf ein lautes Zeichen hin bleibt ihr stehen und sagt eurem Partnerkind freundlich „Auf Wiedersehen!“. Dann sucht euch ein anderes Kind aus, das ihr freundlich begrüßt. Nehmt euch an die Hand, geht in die Knie und hüpft wie Frösche durch den Raum. So geht es immer weiter, einmal als Störche, als Katzen oder Schmetterlinge, vielleicht auch als Auto oder Motorrad.

Ein andermal: Alle Gruppenkinder gehen nach Musik ruhig durch den Raum. Sobald die Musik aufhört, bleibt ihr stehen und geht auf das Kind zu, das euch am nächsten steht. Dem gebt ihr die Hand und begrüßt es freundlich wie einen alten Bekannten. Dann erzählt ihm kurz, was ihr in den letzten Tagen Besonderes erlebt habt. Nach etwa zwei Minuten ertönt wieder Musik, dann verabschiedet euch schnell und sucht ein neues Partnerkind, immer so weiter, bis ihr jedes einzelne Kind begrüßt habt.

Die Namen merken

Setzt euch in einen Stuhlkreis. Jedes Kind muss sich die Namen des rechten und linken Nachbarkindes gut merken. Ein Kind steht in der Kreismitte. Ruft es „Zipp" und zeigt auf jemanden, so muss dieses Kind schnell den Namen des linken Nebenkindes nennen. Ruft es „Zapp", dann muss das angesprochene Kind den Namen des rechten Nachbarkindes sagen. Ruft es „Zipp-Zapp", dann müssen alle schnell den Stuhl wechseln. Wer übrig bleibt, darf das Spiel nun leiten.

Partner wahrnehmen

Fixierbild: Zwei Kinder stehen sich gegenüber. Das eine merkt sich ganz genau die Kleidung des anderen. Dann dreht es sich um und schließt die Augen. In der Zeit verändert das andere Kind schnell drei Dinge seiner Kleidung. Ob sein Partnerkind – wieder mit geöffneten Augen – errät, was verändert ist? Nun ist das andere Kind an der Reihe, drei Veränderungen zu erraten.

Wanderzirkus

Setzt euch in einen Stuhlkreis. Ihr seid jetzt ein Wanderzirkus. Ihr sucht für jedes Kind von euch eine Tierrolle, die zu ihm passt. Ihr müsst so lange suchen und das auch begründen, bis alle mit ihrer Rolle einverstanden sind. – Denkt an Haustiere, Feld- und Waldtiere, an Zootiere, aber auch an Fische, Vögel und Insekten, wie sie aussehen und welche Eigenschaften sie haben.

Uns der Gemeinde vorstellen

Sicher möchte eure Gemeinde alle ihre Kommunionkinder kennen lernen: Auf einem großen Plakat bildet jedes Kommunionkind seine Hand ab. Die linke oder rechte Hand wird auf das Plakatblatt gelegt und mit einem Wachsmalstift umrandet. In seine abgebildete Hand klebt dann jedes Kind sein Foto ein und unterschreibt es deutlich mit seinem Namen. Das Plakat hängt ihr dann in eurer Kirche auf.

Unser Steckbrief in Wort und Bild

Das sind wir!

Allein oder gemeinsam?

Ein Rabbi kommt zu Gott: „Herr, ich möchte die Hölle sehen und auch den Himmel." – „Nimm Elia als Führer", spricht der Schöpfer, „er wird dir beides zeigen."

Der Prophet nimmt den Rabbi bei der Hand. Er führt ihn in einen großen Raum. Ringsum Menschen mit langen Löffeln. In der Mitte, auf einem Feuer kochend, ein Topf mit einem köstlichen Gericht. Alle schöpfen mit langen Löffeln aus dem Topf. Aber die Menschen sehen mager aus, blass, elend. Kein Wunder: Ihre Löffel sind zu lang. Sie können sie nicht zum Munde führen.

Das herrliche Essen ist nicht zu genießen. Die beiden gehen hinaus.

„Welch seltsamer Raum war das?", fragt der Rabbi den Propheten.

„Die Hölle", lautet seine Antwort. Sie betreten einen zweiten Raum. Alles genau wie im ersten. Ringsum Menschen mit langen Löffeln. In der Mitte, auf einem Feuer kochend, ein Topf. Aber – ein Unterschied zu dem ersten Raum: Diese Menschen sehen gesund aus, gut genährt, glücklich.

„Wie kommt das?" – Der Rabbi schaut genau hin. Da sieht er den Grund: Diese Menschen schieben sich die Löffel gegenseitig in den Mund. Sie geben einander zu essen. Da weiß der Rabbi, wo er ist.

Märchen aus Russland

Weißt du, wo der Himmel ist, nicht so hoch da oben. Sag doch ja zu dir und mir, du bist aufgehoben. Weißt du, wo der Himmel ist, außen oder innen, eine Handbreit rechts und links, du bist mitten drinnen.

Male ein Bild oder klebe ein Foto aus der Zeitung ein. Thema: sich gegenseitig helfen.

Jesus sucht Menschen, die mit ihm leben und überall von Gott erzählen

Als Jesus am See Gennesaret entlangwanderte, sah er zwei Fischer, die gerade ihr Netz auswarfen, die Brüder Simon und Andreas. Jesus rief sie zu sich: „Kommt mit mir! Ich will euch zu Menschenfischern machen." Sofort ließen sie ihre Netze liegen und gingen mit Jesus.

Als Jesus ein Stück weiterging, sah er zwei andere Brüder, Jakobus und Johannes. Jesus rief auch sie zu sich. Sie ließen ihren Vater Zebedäus mit seinen Gehilfen im Boot zurück, um mit Jesus zu gehen ... *Markus 1,16-20*

Auch einige Frauen gingen mit Jesus, wenn er mit seinen Freunden von Stadt zu Stadt und von Dorf zu Dorf wanderte. Es waren Maria von Magdala, Johanna, die Frau eines königlichen Hofbeamten, Susanna und noch viele andere.

Nach Lukas 8,1-3

Text und Melodie: Kurt Rommel

Willst du mitmachen?
Dann male dich und deine Freunde und Freundinnen oder deine Familie dazu!

Von Mensch zu Mensch eine Brücke bau'n

Köpfchen Köpfchen!

Male oder schreibe, was dir sonst noch einfällt!

2

Kommt her und öffnet euer Herz

Mit jemand sprechen tut gut

Paula und der Angstvogel

Paula ist umgezogen. Vorher hat sie in einem Dorf gewohnt. Sie kannte viele Kinder. Wenn sie aus der Schule kam, waren sie immer eine *Rasselbande*, wie die Leute im Dorf sie nannten. Oft liefen sie um die Wette die Dorfstraße entlang. Die Beine liefen von selbst – so toll war es, nicht mehr still sitzen zu müssen. An der Eisbude blieben sie stehen. „Für 50 Cent!“, riefen sie. Der Eismann kannte das schon und er ließ sich von der Rasselbande das Neueste aus der Schule erzählen. Und jetzt? Paula wohnt nun mit ihren Eltern in einer großen Stadt in einem Hochhaus. Sie fährt mit dem Aufzug in den sechsten Stock. Zuerst ist sie immer gelaufen, aber inzwischen macht ihr das Aufzugfahren mächtig Spaß. Die Wohnung ist auch viel schöner als die im Dorf. So sagen es wenigstens die Eltern jedem, der es hören will. Paula hat ein großes Zimmer. Da hätte die ganze Rasselbande Platz. Aber hier ist keine Rasselbande. Und die Eltern kommen meist erst am späten Nachmittag von der Arbeit nach Hause. Paula steht am Fenster. Sie sieht viele, viele Dächer. Sie kennt die Leute nicht, die da wohnen. Sie will ihre Rasselbande wiederhaben. Plötzlich fängt sie an zu weinen: „Da draußen sitzt ein großer schwarzer Vogel auf dem Dach, huh – wie unheimlich! Und ich bin so ganz allein! Warum kommen die Eltern nicht? Was ist, wenn sie gar nicht mehr kommen?“ Sie kann nicht aufhören zu weinen. Sie holt ihre Puppe: „Sanni, siehst du den großen, schwarzen Vogel? Der soll fortfliegen!“ Aber Sanni gibt keinen Muckser von sich. Da wirft Paula sie wütend in die Ecke: „Mit dir kann ich auch nicht reden!“

Da klingelt es. Paula schaut vorsichtig durchs Guckloch in der Tür. So haben es ihr die Eltern gesagt. Aber da ist niemand und es klingelt wieder und wieder, laut, ja sehr laut. „Bin ich dumm“, ruft Paula, „das Telefon!“ Schon hat sie den Hörer in der Hand.

„Ist da Paula Müller?“ „Oh, Omi, Omi!“, ruft Paula ganz aufgeregt. „Was ist denn los, Paula, hast du geweint?“ „Kannst du durchs Telefon gucken, Omi?“ „Nein, aber hören!“ „Ach, Omi, es ist schrecklich, allein zu sein. Da sitzt ein großer schwarzer Vogel auf dem Dach, huh – und ich bin sooo allein! Aber jetzt kann ich ja mit dir reden.“ „Ich bin auch allein Paula! Da passt ja ganz gut!“ „Wird es bei dir auch schon dunkel?“ „Ja, da ist es doch besonders gemütlich zu erzählen ...“ „Ach, Omi, du bist klasse! Das tut so gut, mit dir zu reden! Und, du Omi, der Angstvogel auf dem Dach ist fortgeflogen.“

„Siehst du, Paula! Pass auf, wir beide zünden jetzt Lichter an und stellen uns vor, der Lichtschein macht die ganze Welt hell und niemand ist mehr allein.

Hermine König

Jesus beugt die Knie. Er wendet sich dem Vater zu.
Er spricht mit ihm. Er weiß sich angenommen.
Wie eine Hand berührt ihn die Liebe des Vaters.

Wir können Jesus vertrauen

Einmal brachten die Leute Kinder zu Jesus, damit er ihnen die Hände auflege. Die Jünger aber wollten sie wegschicken. Als Jesus das sah, sagte er zu ihnen: „Lasst doch die Kinder zu mir kommen. Hindert sie nicht daran! Menschen wie ihnen gehört das Himmelreich ...“

Dann nahm Jesus die Kinder in seine Arme. Er legte ihnen die Hände *auf und segnete sie.* *Nach Markus 10,13-16*

Schau dir eine Weile das Bild von Emil Nolde an: Was geht wohl in den Kindern vor? Was geht in den Müttern vor? Was geht in den Jüngern vor? Und was geht in Jesus vor? Was meinst du?

Jesus lehrt uns beten

Vater unser im Himmel,

geheiligt werde dein Name.

Dein Reich komme.

Dein Wille geschehe,

wie im Himmel, so auf Erden.

Unser tägliches Brot

gib uns heute.

Und vergib uns

unsere Schuld, wie

auch wir vergeben unsern Schuldigern.

Und führe uns nicht in Versuchung,

sondern erlöse uns

von dem Bösen.

Denn dein ist das Reich und die Kraft und die Herrlichkeit

in Ewigkeit. Amen.

Füreinander bitten

Wer in der Gemeinde St. Hedwig eine Fürbitte hat, schreibt sie für die Sonntagsmesse in das Fürbittbuch. Sie werden dann in der Kirche vorgetragen.

Der alte Fischer

Fischer waren draußen beim Fang mit ihrem Boot. Da kam ein Sturm auf. Aus lauter Furcht warfen sie ihre Ruder weg. Sie flehten den Himmel um Rettung an. Aber das Boot trieb immer weiter weg. Da sagte ein alter Fischer: Was haben wir auch die Ruder weggeworfen. Zu Gott beten *und* zum Ufer rudern, nur beides zusammen kann helfen.

Nach Leo N. Tolstoi

Gloria:

Wir loben Gott

Text: Liturgie
Melodie: Karl Heinz König

Der betende Gaukler

Es war einmal ein Gaukler, der tanzend und springend von Ort zu Ort zog. Aber plötzlich war er das Herumziehen leid. Er verschenkte alles, was er besaß, und ging zu Mönchen, die in einem französischen Kloster lebten. Aber weil er bis dahin sein Leben mit Springen, Radschlagen und Tanzen zugebracht hatte, war ihm alles fremd, was die Klosterbrüder machten: Er konnte nicht beten und auch keine religiösen Lieder singen. So ging er stumm umher, und wenn er sah, wie sie alle aus frommen Büchern lasen, während der Messe im Chor mitsangen und viele Gebete sprechen konnten, stand er dabei und schämte sich: Ach, er allein konnte nichts. „Was tu ich hier eigentlich?“, sprach er zu sich, „ich kann nicht beten und nicht gut reden. Ich bin hier unnütz und das Mönchsgewand nicht wert, in das man mich kleidet.“ In seinem Gram flüchtete er eines Tages in eine abgelegene Kapelle. „Wenn ich schon nicht zusammen mit den Mönchen beten kann“, sagte er vor sich hin, „ so will ich tun, was *ich* kann.“ Er zog sein Mönchsgewand aus und stand da in seinem bunten Röckchen, in dem er als Gaukler umhergezogen war. Und während er die Lieder der Mönche hört, beginnt er mit Leib und Seele zu tanzen, vor- und rückwärts, linksherum und rechtsherum. Mal geht er auf seinen Händen durch die Kapelle, mal überschlägt er sich in der Luft und springt die kühnsten Tänze, um Gott zu loben. Er tanzt ununterbrochen, bis ihm der Atem stockt und seine Beine nicht mehr können.

Ein Mönch war ihm gefolgt und hatte durch ein Fenster seine Tanzsprünge gesehen und heimlich den Abt geholt. Am anderen Tag ließ der den tanzenden Bruder zu sich rufen. Der Arme erschrak zutiefst und dachte, er solle bestraft werden. Also fiel er vor dem Abt nieder und sprach: „Ich weiß, Herr, dass ich hier nicht mehr bleiben kann. So will ich freiwillig ausziehen und wieder in Geduld die Unrast der Straße ertragen.“ Doch der Abt verneigte sich vor ihm, küsste ihn und sprach: „In deinem Tanz hast du Gott mit Leib und Seele geehrt. Uns aber möge er alle Worte verzeihen, die uns über die Lippen kommen, ohne dass unser Herz sie sendet.“

Nach einer französischen Legende

Wer macht mit?

1 *Die Erde trägt uns:* Legt euch auf den Boden, am besten auf eine Decke. Dann streckt die Beine aus. Die Füße liegen ganz locker. Auch die Arme liegen locker ausgestreckt neben dem Körper. Nun schließt die Augen. Ihr spürt, wie euer Rücken sich zum Boden hinfühlt, auch der Po, die Beine und die Fersen. Auch spürt ihr eure Schultern zum Boden hin, eure Arme und Hände. Natürlich will auch der Kopf zum Boden hin, bis ihr das Gefühl habt, er bettet sich sanft hinein. Ihr braucht euch gar nicht mehr anzustrengen, ihr könnt euch völlig loslassen. Denn ihr spürt, wie euch die Erde trägt.
Spürt eine Weile, wie gut das tut. Dann öffnet die Augen, dehnt und streckt euch nach Herzenslust. Und nicht vergessen, kräftig zu gähnen. Nun seid ihr frisch und munter.
Das kannst du auch allein zu Hause machen.

2 *Ein Vertrauensspiel, das Blindenspiel:* Bildet Paare. Einem Kind werden die Augen verbunden; es lässt sich von seinem Partnerkind schweigend führen. Das geht am leichtesten, indem du deine rechte Hand auf die rechte Schulter des „blinden" Kindes legst und mit der linken sanft die linke Hand des „blinden" Kindes hältst. Du musst dein Partnerkind so sicher führen, dass es nirgendwo anstößt und dir ganz vertrauen kann. Nach ein paar Minuten wechselt ihr die Rollen.
Wenn das Spiel euch Spaß gemacht hat, dann könnt ihr es noch steigern. Das „blinde" Kind wird behutsam an vier bis fünf Gegenstände im Raum herangeführt, die es ertastet und später benennt. „Blinde" können sich besser konzentrieren, wenn bei dem Spiel nicht gesprochen wird. Tauscht nach diesem Spiel eure Erfahrungen aus!

3 *Drei Wünsche frei:* Jedes Kind träumt davon, wie in manchen Märchen, einmal drei Wünsche frei zu haben. Jetzt darfst du träumen: Schreibe deine drei Hauptwünsche auf einen Zettel. Schreibe zu jedem Wunsch dazu, wer ihn erfüllen könnte. Sammelt dann die Zettel in ein Körbchen ein. Jedes Kind darf nun einen Zettel herausnehmen und nacheinander die Wünsche des anderen Kindes vorlesen. Sprecht gemeinsam darüber, ob und wie sich diese Wünsche erfüllen lassen.

4 *Ein Bitt- und Dankspiel:* In eurer Gruppe überlegt sich ein Kind, wofür es danken und worum es bitten möchte. Es sagt aber kein Wort, sondern es versucht, den anderen das Überlegte durch Bewegung der Hände, des Gesichtes und des ganzen Körpers deutlich zu machen. Wer es erraten hat, ist dann an der Reihe.

Beten – *das ist mit Gott sprechen,*
ihm alles sagen.
Ihm sagen, was uns freut
und was uns traurig macht.
Ihm danken für all das Gute,
das er uns schenkt.
Ihn bitten, immer bei uns zu sein.

Beten – *das heißt aber auch:*
ganz still horchen,
ob Gott nicht zu uns spricht.
Er braucht dazu keine Worte
und dennoch spüren wir,
wenn er uns etwas sagen will.

Beten – *das heißt auch:*
nie den Mut verlieren.
Mit Gottes Hilfe
wird am Ende alles gut.

Beten – *das heißt auch:*
Gott danken
für alles, was er gibt.

Anne d´Arcy

Köpfchen
Köpfchen!

3

Es dürfen sich alle freuen, die eingeladen sind

Oft sind wir eingeladen

Male, wohin du gern eingeladen werden möchtest.

Einladung einmal ganz anders

Bumfidel lädt seinen Bruder ein

Bumfidel sagt zu seiner Mutter – er liegt schon im Bett und das Licht ist schon aus: „Morgen kommt mein Bruder zu mir. Den bringe ich gleich von der Schule mit. Der kann dann doch mit mir essen, nicht wahr?" Die Mutter macht das Licht gleich wieder an.
„Was sagst du da? Dreh dich mal um."
Bumfidel blinzelt. Er spricht zur Wand. Er will die Mutter nicht ansehen.
„Mach doch das Licht wieder aus", sagt er. Bumfidel sagt, was er sagen will, lieber ohne Licht. Und die Mutter soll es auch lieber im Dunkeln hören. Doch das will sie nicht. Sie setzt sich an Bumfidels Bett.
„Guck mich mal an. Deinen Bruder, sagst du? Du willst sicher einen neuen Freund mitbringen. Na schön. Wenn ich weiß, wer´s ist. Nur schlepp mir hier nicht jeden an."
Bumfidel will nicht weinen, aber er weint.
„Es ist mein Bruder. Ich hab´s ihm gesagt. Weil er zu Hause dauernd gehauen wird. Und weil ein Bruder mehr ist als nur ein Freund."
Die Mutter ist plötzlich still. An der Tür sagt sie: „Bring ihn nur mit. Vielleicht stelle ich euch noch einen Pudding hin."

Marieluise Bernhard-von Luttitz

Geburtstag verkehrt

Bettina denkt: „An meinem Geburtstag sollen sich alle so freuen, wie ich mich freue." Darum steht sie auf, als Mutter noch schläft, deckt den Frühstückstisch, kocht Eier, brüht Kaffee auf und röstet Toast. Es duftet durch die ganze Wohnung. Dann weckt sie Mutter mit einem Kuss und sagt: „Dir müsste man doch eigentlich gratulieren! Du hast mich doch schließlich geboren!" Dann stürzt Bettina auf Vaters Bett. Noch ehe er seinen Glückwunsch aussprechen kann, umarmt sie ihn und sagt: „Ich danke dir ganz herzlich, Vater! Acht Jahre hast du nun schon für mich gesorgt. Du bist einfach prima!" Dann eilt Bettina ins Kinderzimmer, wo Irmela und Manuela schlafen. „Steht auf", ruft sie, „heute wird gefeiert! Ich hab jeder von euch ein Frühstücksei gekocht!"

Mit denen
möchte
man nicht
an einem Tisch sitzen

Jesus lädt alle ein

In vielen Orten Israels hatten die Römer Zöllner eingesetzt. Sie wurden auch Steuereintreiber genannt, weil sie für den römischen Kaiser die Steuern einsammeln mussten. Dabei waren sie nicht zimperlich. Einen Teil des Geldes behielten sie für sich. Oft wusste niemand, wie viel das war, und sie wurden reich davon. So waren sie gefürchtet und verhasst.

Jesus geht vorüber,
auf der Straße in Kafarnaum. Da sitzt ein
Zöllner an seinem Schalter
und treibt die Steuern ein.
Er heißt Matthäus.
Jesus sagt:
„Du da! Komm mit mir! Ich brauche dich!“
Matthäus springt auf.
Er kommt aus seinem Büro gestürzt.
Er hat verstanden:
Jesus verachtet ihn nicht.
Alles lässt er stehen und liegen.
Er geht mit Jesus.
Er sagt zu Jesus:
„Komm in mein Haus! Sei mein Gast!“
Jesus kommt zu ihm mit seinen Freunden.
Sie sitzen beim Zöllner zu Tisch.
Andere Steuereintreiber kommen,
Freunde des Matthäus
und noch andere, die einen schlechten Ruf haben.

Sie alle sitzen zu Tisch mit Jesus.
Sie essen und trinken. Sie sind fröhlich.

Fromme Gesetzeslehrer kommen vorbei.
Sie wissen so gut Bescheid mit dem Gesetz,
mit dem alten Gottesgesetz der Juden.
Sie regen sich auf:
Dieser Jesus!
Der isst und trinkt mit denen,
die unsere alten Gebote nicht beachten.

Der kann nicht von Gott sein!
Der nicht, der muss verrückt sein!
Sie reden mit den Freunden Jesu:
„Sagt uns, er, euer Lehrer,
weshalb isst er mit diesem Gesindel?“
Jesus hört das.
Er blickt die Gesetzeslehrer an:
„Ich will euch sagen, weshalb!
Die, die übel dran sind,“
die brauchen mich.
Nicht die Gesunden brauchen den Arzt,
sondern die Kranken.
Das will Gott, dass wir barmherzig sind!“

Nach Matthäus 9,9-13

Wir entdecken unsere Kirche

Die beiden Kinder gehen durch das große *Kirchenportal* des *Altenberger Domes*. Sie sind beeindruckt, wie gewaltig und schön diese Kirche ist. Neugierig gehen sie durch das weite *Kirchenschiff*. Dabei entdecken sie viele interessante Dinge. Manches schauen sie sich genauer an.

Deine Pfarrkirche sieht sicherlich anders aus. Schau sie dir einmal mit deiner Gruppe oder deiner Familie etwas genauer an. Schöne Fotos von deiner Pfarrkirche kannst du hier einkleben.

Was dir in deiner Pfarrkirche besonders gefällt, das kannst du hier malen.
Vielleicht ist es der Altar, das Taufbecken, die Orgel oder ...

Wir sind eingeladen zum Tisch des Herrn

P Im Namen des Vaters und des Sohnes und des Heiligen Geistes.
A Amen
P Der Herr sei mit euch!
A Und mit deinem Geiste!

Male dich und deine Freunde und Freundinnen dazu!

Wer macht mit?

1 Es macht Spaß, zusammen mit anderen am Tisch zu sitzen und gemeinsam zu essen. Besonders schön ist es, wenn du deiner Familie bei den Vorbereitungen hilfst, z. B. sonntags für das Frühstück oder Abendessen, wenn alle in der Familie dabei sein können. Wenn es einmal festlicher sein soll, kannst du mithelfen den Tisch zu schmücken. Du kannst Blumen und Kerzen darauf stellen, Namenskärtchen anfertigen und weiße Servietten bunt bemalen und schön falten. Vielleicht kannst du sogar eine kurze Geschichte vorlesen, ein Gedicht aufsagen, ein Lied singen oder ein kleines Gebet sprechen. Sicherlich fällt dir noch etwas andres ein.

2 Jedes Kind hat schon schöne Feste erlebt: Geburtstag, Namenstag, Hochzeit, Taufe, Weihnachten, Ostern ... Erzählt euch gegenseitig davon. – Kennt ihr ausländische Kinder in Nachbarschaft oder Schule? Sie feiern bestimmt anders als ihr. Lasst euch davon erzählen: Wen und wie sie einladen, wo, wie und warum sie feiern, was sie essen und trinken, ob sie Geschichten erzählen, singen, spielen oder tanzen ... Vielleicht können sie euch Fotos oder sonst etwas zeigen. Wie wäre es, wenn ihr sie einmal in eure Gruppe einladen würdet, so ganz international?

3 Wir sind sonntags zur Tischgemeinschaft mit Jesus, zur Messfeier eingeladen, worauf ihr euch in diesen Wochen ja besonders vorbereiten wollt. Überlegt gemeinsam in eurer Gruppe, wie ihr schon in eurer Gemeinde mithelfen könnt, die Messfeier mitzugestalten: mit Blumen, die ihr pflückt, mit Bildern, die ihr malt, mit Kerzen, die ihr schmückt, mit Liedern, die euch gefallen, mit einem Kindertanz, mit eigenen Fürbitten ...

4 Jedes Kind freut sich ganz sicher, wenn es eingeladen wird. Doch die Kinder, die auch gerne dabei sein möchten, aber nicht eingeladen oder sogar abgewiesen werden, die sind tieftraurig. Wie das ungefähr ist, könnt ihr im Rollenspiel erfahren. Spielt beides durch: eingeladen und abgewiesen werden. Jedes Kind in der Gruppe sollte beide Arten im Spiel ausprobieren. Dann sprecht darüber, wie ihr euch dabei gefühlt habt.

Eine Räuber-geschichte, die gut ausgeht

Vor langer Zeit, vor ungefähr 800 Jahren, lebten in den Wäldern von Sorgo Sepolcro in Italien gefährliche Räuberbanden. Sie überfielen Reisende, die in ihren Kutschen durch diese Gegend fuhren, und plünderten sie aus. Wenn die Reisekutschen ausblieben, schlichen die Räuber zu einem Kloster in der Nähe und bettelten um Brot. Die Klosterbrüder waren sich nicht einig, wie sie sich den Räubern gegenüber verhalten sollten. Einige sagten: „Wir dürfen ihnen nichts geben, weil sie so schlechte Menschen sind.“ Andere Brüder gaben ihnen jedoch manchmal etwas zu essen. Dabei baten sie die Räuber, keine Menschen mehr zu berauben. Eines Tages kam der heilige Franziskus, der das Kloster gegründet hatte, auf einer Reise zu seinen Mitbrüdern. Sofort fragten sie ihn, ob sie den Räubern Brot geben sollten oder nicht. Franziskus sagte: „Wenn ihr tut, was ich euch rate, werdet ihr die Herzen der Räuber gewinnen.“ Dann gab er ihnen genaue Anweisungen.

So wanderten die Klosterbrüder in den nächsten Tagen mit Brot und Wein zum Lagerplatz der Räuber und riefen: „Kommt zu uns, Brüder Räuber, wir haben euch Brot und Wein mitgebracht!“ Dabei breiteten sie ein schönes Tuch auf dem Boden aus. Die Räuber kamen erstaunt herbei und die Brüder bedienten sie beim Essen und Trinken. Nach dem Essen sprachen sie ein Dankgebet. Dann baten sie die Räuber, keinem Menschen etwas zuleide zu tun. Das versprachen sie.

Am nächsten Tag brachten die Brüder sogar Eier und Käse mit. Sie bedienten die schlimmen Räuber wieder, lachten und scherzten mit ihnen. Ein Bruder fragte: „Warum wollt ihr eigentlich hier in den Wäldern hausen und ein so jämmerliches Leben führen? Ihr könntet es doch so viel besser haben und dabei so leben, wie es Gott gefällt.“ Die Räuber schauten die Klosterbrüder an und sagten kein Wort.

Am nächsten Tag aber fingen sie an, den Brüdern im Kloster Holz aus dem Wald zu bringen und ihnen bei der Arbeit zu helfen. Bald baten sogar einige von ihnen, im Kloster aufgenommen zu werden. Zuletzt wollte niemand mehr ein schlimmer Räuber sein.

Nach einer Franziskuslegende

Jesus,

du hast alle Menschen eingeladen,
mit dir zusammen zu sein:
die Erwachsenen und die Kinder,
die Starken und die Schwachen,
die Gesunden und die Kranken.
Du hast dich auch gerne einladen lassen:
von deinen Freunden und Freundinnen
und von den Menschen,
die dich besonders brauchten,
die einsam oder von anderen verachtet waren.
Du hast gesagt:
So ist Gott.
Gott will bei allen Menschen sein.

Köpfchen
Köpfchen!

4

Ein Wort von dir genügt

Ich habe viele Gesichter ...

 böse *und*  gute

Das wechselt alle Tage
mir zur Freude und zur Plage.

Wenn ich einkaufen gehe.

Wenn ich abends aufräume.

Wenn ich jemand anschwindle.

Wenn ich ...

Die Kinder der Bachstraße hatten eine verrückte Idee. Sie nahmen Tortendeckel und jedes Kind machte sich ein gutes und ein böses Gesicht. Das ging ganz schnell. Sie hielten sich die Pappe vors Gesicht, markierten Augen, Nase und Mund und schnitten sie aus. Dann bemalten sie die Masken mit Wachsmalstiften. Das böse Gesicht nahm jedes Kind in die linke Hand, das gute in die rechte. Dann spielten sie viele kleine Geschichten aus ihrem Alltag. Es war erstaunlich, wie oft die Gesichter wechseln mussten.

Gutes getan – oder Böses getan?

Ich bin dein Gott, der dich trägt

Text: Diethard Zils nach Psalm 95
Melodie: Volkslied aus Israel

2. Er ist Gott, Gott für uns, / er allein ist letzter Halt.
   Überall ist er und nirgends, / Höhen, Tiefen, sie sind sein.

3. Ja, er heißt: Gott für uns; / wir die Menschen, die er liebt.
   Darum können wir ihm folgen, / können wir sein Wort verstehn.

Vor dem tiefen Blau des Himmels leuchtet ein Engel auf. Er kommt von Gott her. Behutsam trägt er einen Menschen in seiner Hand. Der ist noch leblos. Wenn der Engel ihn aber gleich auf die Erde stellt, dann wird der bunte Regenbogen vom Himmel bis zur Erde verlängert. Das ist ein Zeichen für den Bund Gottes mit den Menschen. Gott bleibt mit uns Menschen verbunden und trägt uns. Das will uns der Maler Marc Chagall mit seinem schönen Kirchenfenster in Mainz zeigen.

Chagall
REIMS 1979

Lebens-angebote Gottes

Gott hat uns nicht nur das Leben geschenkt. Er begleitet uns auch und trägt uns. Deshalb hat er vor etwa 3000 Jahren Mose, dem Führer des Volkes Israel, zehn wichtige Lebensregeln anvertraut. Das sind *Lebensangebote Gottes* für uns Menschen, damit wir uns zurechtfinden und erkennen, was wichtig ist in unserem Leben.

Wenn wir andere Menschen gerne haben und ihnen eine Freude machen wollen, schenken wir ihnen oft Blumen, ein lebendiges Zeichen der Zuneigung und Liebe. So sind auch die Gebote Gottes wie ein Blumenkranz, den er uns schenkt, um uns zu zeigen: Ich habe euch lieb und meine es gut mit euch.

Wenn wir uns vertragen, einander helfen und ehrlich zueinander sind, dann pflegen wir diese Blumen und sie blühen: Unser Leben wird hell und warm. Gottes Sorge und Liebe werden spürbar.

Wenn wir aber streiten, gewalttätig gegeneinander sind, einander betrügen und belügen, dann verwelken diese Blumen: Unser Leben wird dunkel und kalt. Die Spuren von Gottes Sorge und Liebe verwehen.

Für Jesus waren diese *Lebensangebote* sehr wichtig. Deshalb hat er sie in seinem Gebot der Gottes-, Nächsten- und Selbstliebe zusammengefasst. Er zeigt uns damit, worauf es in unserem Leben eigentlich ankommt.

Jesus sagt:
Du sollst den Herrn, deinen Gott, lieben mit ganzem Herzen, mit ganzer Seele und mit all deinen Gedanken. Ebenso wichtig ist: Du sollst deinen Nächsten lieben wie dich selbst.
Matthäus 22,37-39
Ich bin der Herr, dein Gott. Du sollst keine anderen Götter neben mir haben.
Ich allein bin Gott. Ich bin dein Gott, der dich trägt.
Du sollst dir kein falsches Gottesbild machen.
Ich bin dein Gott, der dich trägt. Ich bin mehr als alles, was Menschen über mich erzählen können. Vertraue auf meine Liebe.
Du sollst den Namen deines Gottes nicht missbrauchen.
Ich bin dein Gott, der dich trägt. Vertraue darauf, dass du in meinem Namen gute Dinge tun kannst.
Achte auf den Sabbat, halte ihn heilig.
Ich bin dein Gott, der dich trägt. Du brauchst den besonderen Tag der Ruhe für mich, für dich und für die anderen.
Du sollst Vater und Mutter ehren.
Ich bin dein Gott, der dich trägt. Jeder begegne jedem in der Familie mit Liebe und Achtung.
Du sollst nicht töten.
Ich bin dein Gott, der dich trägt. Achte alles Leben, mache niemand klein und zerstöre nichts, damit sich alles entfalten kann.
Du sollst nicht ehebrechen.
Ich bin dein Gott, der dich trägt. Geh sorgsam mit deinem Leben um: mit deinen körperlichen und seelischen Kräften. Achte jede Gemeinschaft.
Du sollst nicht stehlen.
Ich bin dein Gott, der dich trägt. Nimm anderen nichts weg und lebe nicht auf fremde Kosten.
Du sollst nichts Falsches gegen deinen Nächsten aussagen.
Ich bin dein Gott, der dich trägt. Sprich nicht falsch und schlecht über andere und täusche niemand.
Du sollst nicht begehren deines Nächsten Hab und Gut.
Ich bin dein Gott, der dich trägt. Du kannst nehmen und geben und brauchst nicht habgierig zu sein.

Bekennen ist nicht leicht

Der Fußball war es

Thomas geht nicht gern ins Bett. Jeden Abend hat er eine andere Ausrede. Dreimal muss die Mutter sagen: „Thomas, es ist Zeit." Erst dann bequemt er sich.
Heut ist es anders. Gleich nach dem Abendessen sagt er: „Puh, bin ich heute müde. Ich gehe jetzt ins Bett."
Vater und Mutter wundern sich. Das ist aber eine Seltenheit, dass Thomas freiwillig geht!
Es dauert nicht lange, da liegt Thomas im Bett. Er macht die Augen zu und will einschlafen. Doch es wird nichts. Unruhig wälzt er sich von einer Seite auf die andere.
Vater und Mutter wundern sich noch immer.
„Der Junge wird doch nicht krank sein?", meint Vater. „Geh doch einmal in sein Zimmer und schau nach."
Leise öffnet die Mutter die Tür. Thomas kneift die Augen fester zu und ist ganz ruhig. Die Mutter merkt aber doch, dass er nicht schläft. Sie zupft an seinem Ohr. Da fährt Thomas hoch.
„Willst du mir nicht sagen, warum du so früh ins Bett gegangen bist?", fragt die Mutter.
„Da gibt es eigentlich nichts zu erzählen", erwidert Thomas. „Ich war vorhin wirklich müde. Das kommt bestimmt vom Fußballspielen."
„Ach so", lächelt die Mutter, „vom Fußballspielen ... Dabei ist euch wohl der Ball ins Fenster geflogen, wie?"
Erstaunt blickt Thomas die Mutter an.
„Woher weißt du es denn? Hat jemand gepetzt?"
„Ich konnte es mir denken", antwortet die Mutter. „Es muss doch einen Grund haben, dass du so früh ins Bett gingst."
„Ich bin froh, dass du es jetzt weißt", sagt Thomas. „Ich konnte gar nicht einschlafen. Morgen nehme ich Geld aus meiner Sparbüchse und kaufe eine neue Fensterscheibe."
„Das ist fein", sagt die Mutter. „Man muss den Schaden, den man anrichtet, von selbst wieder gutmachen. Und nun ist es Zeit, dass du einschläfst."
Kaum ist die Mutter gegangen, da lächelt Thomas glücklich und ist bald fest eingeschlafen.

Günter Käning

Wir bekennen unsere Schuld und bitten um Vergebung

untereinander

im Gebet

in einer Feier der Versöhnung

im Sakrament der Buße (Beichte)

und in der heiligen Messe

A Wir bekennen Gott, unserem Vater, und allen Brüdern und Schwestern, dass wir Gutes unterlassen und Böses getan haben.

P Der allmächtige Gott erbarme sich unser. Er lasse uns die Sünden nach und führe uns zum ewigen Leben.

A Amen

Kyrie

Melodie: Peter Janssens

Oft habe ich eine laute Stimme und schimpfe.
Gib mir eine leise Stimme.
Herr, erbarme dich ...
Oft habe ich eine harte Hand und schlage.
Gib mir eine sanfte Hand.
Herr, erbarme dich ...

Oft habe ich ein zorniges Gesicht und tobe.
Gib mir ein freundliches Lächeln.
Herr, erbarme dich ...
Herr, ich möchte gut sein,
aber es gelingt mir oft nicht.
Herr, erbarme dich ...

Wie wir beichten können

Vor dem Beichtgespräch mit dem Priester versuche einen Augenblick ganz still zu werden. Dabei kann dir ein Gebet helfen.
Überlege, was du in den letzten Wochen gut gemacht hast und was nicht oder was sogar böse war.

Nachdem dich der Priester freundlich begrüßt hat, mache das Kreuzzeichen:

K **Im Namen des Vaters und des Sohnes und des Heiligen Geistes.**

Dann sage dem Priester, was du Gutes und was du Böses getan hast.
Er spricht mit dir darüber. Wenn dann das Beichtgespräch beendet ist, sage noch:

K **Ich bitte Gott um Vergebung!**

Nimm dir für die kommende Zeit etwas Bestimmtes vor und sage es dem Priester.
(Vorschläge findest du auf Seite 50.)
Dann segnet dich der Priester und spricht:

P **Ich spreche dich los von deinen Sünden im Namen des Vaters und des Sohnes und des Heiligen Geistes.**

K **Amen!**

Text: Gustav Lohmann
Melodie: Hans Puls

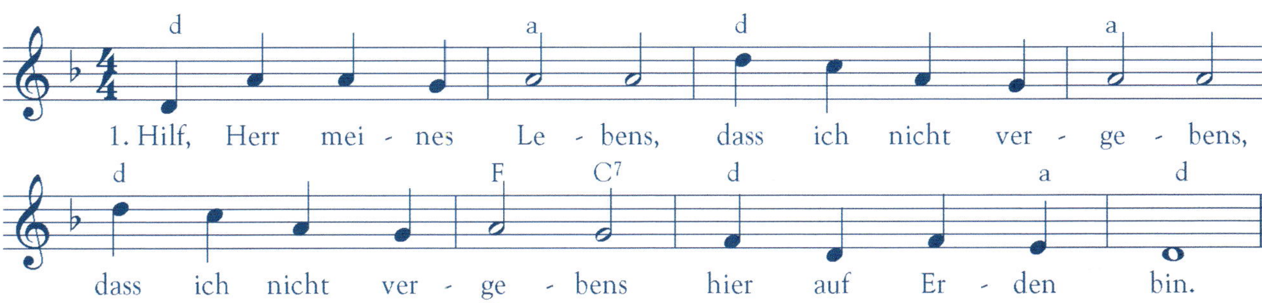

2. Hilf, Herr meiner Tage, dass ich nie zur Plage meinem Nächsten bin.
3. Hilf, Herr meiner Seele, dass ich niemals fehle, wo ich nötig bin.

Gebete zu Buße und Beichte

Es ist nicht leicht zuzugeben, dass einem
etwas Leid tut.
Zuerst hab ich gesagt:
Das war nicht meine Schuld
und ein bisschen hat das ja auch gestimmt.
Ich bin grob geworden
und hab grauslich geschimpft.
Es wäre gut, wenn ich jetzt sagen könnte:
„Es tut mir Leid!"
Aber sich entschuldigen ist so schwer!
Ich muss das erst lernen, lieber Gott.
Hilf mir dabei, dass ich zum (zur) ... sagen kann:
„Es tut mir Leid!"

Gott, der du mir Vater und Mutter bist,
manchmal bin ich gut,
manchmal bin ich böse,
manchmal ist es hell in mir,
manchmal ist es dunkel.
„So geht es allen Menschen",
hat unsere Lehrerin gesagt.
Ich will das Dunkle nicht einsperren,
es gehört auch zu mir.
Ich bin froh dir sagen zu können,
was mich daran bedrückt,
was mich klein macht,
was mich ängstigt.
Aber ich kann das Dunkle
verwandeln
in immer mehr helle Punkte.
Das macht mich stark.

Herr, wir gehören alle zusammen:
Vater, Mutter,
meine Schwester und ich.
Wir sind eine Familie.
Wir haben uns alle sehr lieb.
Trotzdem haben wir manchmal Streit,
wenn jeder seinen eigenen Kopf
durchsetzen will und nicht auf das hört,
was die anderen sagen.
Hilf mir, dass ich herausfinde,
was anderen Freude macht.
Und wenn wir uns gestritten haben,
hilf uns, damit wir wieder freundlich
zueinander sind.

Guter Gott,
ich weiß, dass ich nicht alleine bin.
Du bist mir wie Vater und Mutter.
Ich kann mit dir reden.
Du hörst mich und verstehst mich auch.
Du siehst auch, was ich falsch mache.
Aber ich brauche vor dir nicht davonzulaufen.
Ich kann dir alles sagen.
Ich weiß, du vergibst mir, guter Gott.

Fünf gute Vorsätze für jeden Tag:
Ich will versuchen ehrlich zu sein.
Ich will versuchen kein Unrecht zu tun.
Ich will mich nicht fürchten das zu tun, was ich
für richtig halte.
Ich will keine Gewalt anwenden.
Ich will in jedem Menschen zuerst das Gute sehen.

Nach Mahatma Gandhi

Die Geschichte einer Umkehr

Der selbstsüchtige Riese

Jeden Nachmittag, wenn sie auf dem Heimweg von der Schule waren, pflegten die Kinder in den Garten eines Riesen zu gehen und dort zu spielen. Es war ein großer Garten mit zwölf Pfirsichbäumen darin. Die Vögel saßen in den Bäumen und sangen so süß. „Wie glücklich sind wir doch hier", riefen die Kinder.
Eines Tages kehrte der Riese zurück. „Was tut ihr denn hier?", schrie er mit grober Stimme und die Kinder liefen davon.
„Mein eigener Garten ist mein eigener Garten", sagte der Riese, „das kann wohl jeder verstehen und ich erlaube niemandem, darin zu spielen." So baute er eine hohe Mauer ringsherum und stellte ein Schild auf:

Betreten bei Strafe verboten!

Die armen Kinder hatten keinen Platz mehr, wo sie spielen konnten. Sie versuchten es auf der Straße. Aber die war sehr staubig und voller Steine und das gefiel ihnen nicht.

Sie wanderten deshalb um die hohe Mauer und sie sprachen von dem schönen Garten, der dahinter lag. „Wie glücklich sind wir dort gewesen", sagten sie zueinander.
Dann kam der Frühling. Überall blühte es und die Vögel sangen. Nur im Garten des selbstsüchtigen Riesen war es immer noch Winter. Die Vögel mochten dort nicht singen, weil es darin keine Kinder gab. Die Bäume vergaßen zu blühen. Die einzigen, die sich freuten, waren der Schnee und der Frost. Der Frost übermalte alle Bäume mit Silber und der Schnee bedeckte den Rasen. Der Nordwind brauste den ganzen Tag durch den Garten.
„Ich verstehe nicht, warum der Frühling so lange ausbleibt!", sagte der Riese. Aber weder der Frühling noch der Sommer kamen. Der Herbst schenkte jedem Garten goldene Früchte. Aber dem Garten des Riesen brachte er keine. „Er ist selbstsüchtig", sagte er. So herrschte ewiger Winter dort.

Die allerschönste Musik der Welt

Eines Morgens lag der Riese noch im Bett, als er eine liebliche Musik hörte. Er dachte, des Königs Musikanten zögen vorüber.

In Wirklichkeit war es nur ein kleiner Hänfling, der vor seinem Fenster sang. Aber es war so lange her, dass ein Vogel in seinem Garten gesungen hatte. So erschien es ihm wie die allerschönste Musik der Welt.

Ein köstlicher Duft zog durch das offene Fenster zu ihm herein. „Ich glaube, der Frühling ist endlich gekommen", sagte der Riese. Und er sprang aus dem Bett und sah hinaus. – Und was sah er? Durch ein kleines Loch in der Mauer waren die Kinder hereingekrochen und saßen in den Zweigen der Bäume. Die Bäume waren so froh, die Kinder wiederzuhaben, dass sie sich mit Blüten bedeckt hatten. Die Blumen schauten aus dem grünen Gras und lachten. Und die Vögel flogen umher und zwitscherten. Nur in einer Ecke war es noch Winter. Es war die entfernteste Ecke des Gartens. In ihr stand ein kleiner Junge. Er war so klein, dass er die Zweige des Baumes nicht erreichen konnte. So war der Baum immer noch mit Reif und Schnee bedeckt.

„Klettere herauf, kleiner Junge", sagte der Baum und neigte seine Zweige so tief herab, wie er konnte. Aber der Junge war zu winzig.

Die Reue des Riesen

Da schmolz das Herz des Riesen. „Wie selbstsüchtig bin ich gewesen", sagte er. „Nun weiß ich, warum der Frühling nicht in meinen Garten kommen wollte. Ich will den kleinen Jungen in den Wipfel des Baumes setzen. Dann will ich die Mauer niederreißen und mein Garten soll für immer und ewig Spielplatz der Kinder sein." Er bereute wirklich tief, was er getan hatte.

Er schlich hinunter, öffnete ganz leise die Tür und ging hinaus in den Garten. Der kleine Junge lief nicht fort, denn seine Augen waren so voller Tränen, dass er den Riesen nicht kommen sah. Der Riese nahm ihn behutsam in die Hand und setzte ihn in den Baum. Und der Baum begann sofort zu blühen und die Vögel kamen und sangen in ihm und der kleine Junge streckte seine beiden Arme aus und warf sie dem Riesen um den Hals und küsste ihn. „Von nun ab soll der Garten euer sein, liebe Kinder", sagte der Riese. Er nahm eine große Axt und riss die Mauer nieder. Die Kinder spielten mit dem Riesen den ganzen Tag und am Abend sagten sie ihm Lebewohl.

„Aber wo ist euer kleiner Kamerad?", fragte er, „der Junge, den ich in den Baum gesetzt habe?" Der Riese liebte ihn besonders, weil er einen Kuss von ihm bekommen hatte.
„Wir wissen es nicht", antworteten die Kinder, „er ist fortgegangen." „Ihr müsst ihm ausrichten, dass er morgen bestimmt wiederkommen soll", sagte der Riese. Aber die Kinder antworteten: „Wir wissen nicht, wo er wohnt. Wir haben ihn vorher nie gesehen."
Da wurde der Riese sehr traurig.

Im Garten des Paradieses

Jahre vergingen und der Riese wurde sehr alt und schwach. Er konnte nicht mehr herumspielen, sondern saß in einem riesigen Lehnstuhl und beobachtete die Kinder bei ihren Spielen und er bewunderte seinen Garten: „Ich habe viele schöne Blumen", sagte er, „aber die Kinder sind die schönsten Blumen von allen."
Eines Wintermorgens, als der Riese sich ankleidete, sah er aus dem Fenster.

In der entferntesten Ecke des Gartens war ein Baum über und über mit weißen Blüten bedeckt. Seine Zweige glänzten golden und silberne Früchte hingen daran und darunter stand der kleine Junge, den er geliebt hatte. Treppab eilte der Riese in großer Freude hinaus in den Garten. Er eilte über den Rasen und er näherte sich dem Kind. Und als er ganz dicht herangekommen war, wurde sein Gesicht rot vor Zorn und er sagte: „Wer hat es gewagt, dir etwas anzutun?" Denn auf den Handflächen des Kindes waren die Male von zwei Nägeln und die Male von zwei Nägeln waren auch auf den kleinen Füßen. „Wer hat es gewagt, dir etwas anzutun?", schrie der Riese. „Sag es mir, damit ich mein großes Schwert nehmen und ihn erschlagen kann."
„Niemals", antwortete das Kind „denn das sind die Wundmale der Liebe." „Wer bist du?", fragte der Riese. Eine seltsame Ehrfurcht ergriff ihn und er kniete vor dem Kind nieder.
Das Kind lächelte den Riesen an und sagte zu ihm: „Einst ließest du mich in deinem Garten spielen. Heute sollst Du mit mir in meinen Garten kommen und das ist der Paradiesesgarten."
Als die Kinder an diesem Nachmittag in den Garten kamen, fanden sie den Riesen tot unter dem Baum, über und über bedeckt mit weißen Blüten.

Oscar Wilde

Bruder Mensch

So jemand spricht: Ich liebe Gott!
und hasset seine Brüder,
der treibt mit Gottes Wahrheit Spott
und reißt sie ganz darnieder.
Gott ist die Lieb und will, dass ich
den Nächsten liebe gleich als mich.

Wer dieser Erde Güter hat
und sieht die Brüder leiden
und macht den Hungrigen nicht satt,
lässt Nackende nicht kleiden,
der übertritt die erste Pflicht
und liebt dich, Gott der Liebe, nicht.

Wir haben einen Gott und Herrn,
sind eines Leibes Glieder;
drum diene deinem Nächsten gern,
denn wir sind alle Brüder.
Gott schuf die Welt nicht bloß für mich –
mein Nächster ist sein Kind wie ich.

Christian Fürchtegott Gellert

Köpfchen Köpfchen!

Wer Ohren hat zu hören, der höre

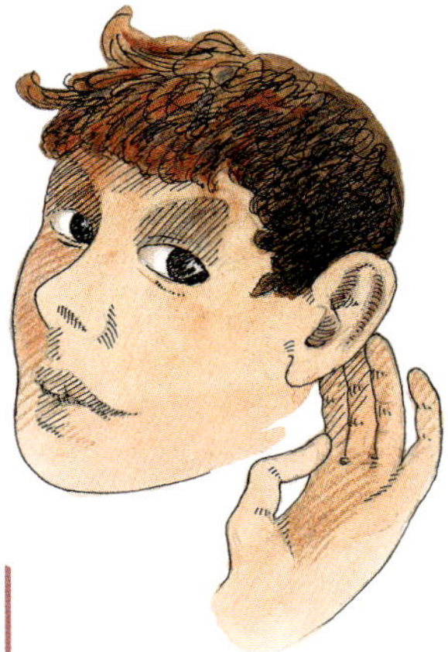

Vieles dringt an mein Ohr

Wenn du ganz still wirst,
die Augen für einen Augenblick schließt,
dann wirst du dich wundern,
wie viele Geräusche du wahrnimmst.

Male alles, was du gehört hast!

Hören und Lauschen

Der große Zaubervogel

Du wirst ganz still.
Schließe die Augen.
Ein großer Zaubervogel trägt dich
in das Land deiner Erinnerungen.

Du stehst nun mitten auf dem Kirmesplatz.
Viel zu sehen gibt es da und auch zu hören:
Die Verkäufer rufen ihre Waren aus.
Hier und dort dreht sich ein Karussell.
Ein alter Mann spielt eine Drehorgel.
Viel Musik klingt durcheinander.
Dazwischen viele Stimmen.
Kinder und Erwachsene rufen, lachen, erzählen.
An der Schießbude knallen die Gewehre ...

Nun ist der Zaubervogel wieder da.
Er trägt dich, wohin du willst,
ein andermal vielleicht auf den Fußballplatz,
in den Zirkus oder Zoo,
auf den Flugplatz oder Bahnhof,
in den Klassenraum oder ins Kino,
in den Ferienort oder auf den Bauernhof ...

Wenn Dinge zu sprechen beginnen

Die Kinder sitzen ganz ruhig im Kreis und schauen gespannt auf Frau Baumann. Die hat vorsichtig Jacob ein Hühnerei in die Hand gegeben. Der gibt es bald weiter. Jeder soll es eine Weile anschauen und fühlen und einfach sagen, was ihm dazu einfällt:

Das Ei ist oval.

Die Schale ist rau. Sie ist nicht weiß wie Schnee.

Es fühlt sich kalt an.

Ich weiß auch, wie es innen aussieht. Mitten im Eiweiß schwimmt ein gelber Dotter.

Und um das Eiweiß herum ist eine dünne Haut.

Ich habe schon einmal gesehen, wie eine Henne brütet. Sie sitzt auf dem Ei und hält es ganz warm.

Wenn das kleine Küken lange genug im Ei war, dann pickt es mit seinem Schnabel die Eierschale von innen auf.

Ich denke an Ostern. Dann färben wir die Eier und verstecken sie. Das Suchen macht Spaß.

So viel ist den Kindern eingefallen. Dann sagt Frau Baumann:

Ist so ein Ei nicht ein Wunder der Schöpfung? Wenn wir es jetzt aufschlagen, dann sehen wir nicht viel. Und doch ist alles im Ei schon drin: Vom Küken der Schnabel, der Kopf, die Federn und die Flügel, das Herz und die Augen, die kleinen Krallen zum Scharren und alles, was das Küken zum Leben braucht. Das Ei ist ein Zeichen des Lebens. Deshalb verschenken wir auch an Ostern Eier. Denn Ostern schenkt uns Jesus neues Leben.

Mit dem 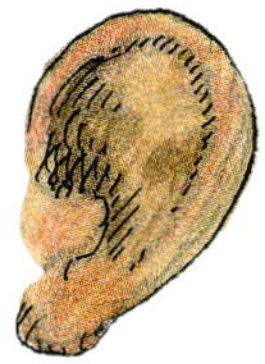 ...

Einmal kam eine große Menschenmenge zusammen, aus allen Orten strömten sie herbei. Da erzählte Jesus ihnen eine Geschichte.
Ein Bauer ging auf das Feld um zu säen. Als er die Körner ausstreute, fielen einige auf den Weg. Dort wurden sie zertreten und von den Vögeln aufgepickt. Einige fielen auf felsigen Boden, wo es nur wenig Erde gab. Sie gingen rasch auf, vertrockneten dann aber, weil der Boden nicht feucht genug war. Einige Körner fielen in Dornengestrüpp. Sie trieben Wurzeln und wuchsen heran. Aber das Dornengestrüpp wuchs schneller und erstickte die jungen Halme. Doch einige fielen auf guten Boden. Sie trieben kräftige Wurzeln und die Saat wuchs heran. Bald konnte man die Ähren sehen; eine hatte über sechzig, eine andere über hundert Körner Frucht. Jesus fügte hinzu: „Wer hören kann, soll gut zuhören!“

Nach Matthäus 13,1-9

... und mit dem  hören

In der Bibel lesen wir, dass die Freundinnen und Freunde Jesus fragten, was die Geschichte zu bedeuten habe. Er erklärte es ihnen. Vielleicht können Kinder es so verstehen:

Jesus hat viele Geschichten vom Reich Gottes erzählt. So wie ein Bauer viele Samenkörner auf sein Feld sät, hat Jesus seine Geschichten unter die Menschen ausgestreut. Aber was haben die beiden miteinander zu tun? Der Bauer möchte, dass aus den Körnern Halme wachsen und sich daran Ähren bilden. In denen reifen viele Körner heran, die die Menschen ernähren. Und was ist mit den Geschichten, die Jesus wie Samenkörner unter die Menschen sät?
Das ist doch spannend herauszufinden.
Also versuchen wir es:
Was geschieht, wenn uns eine Geschichte Jesu erzählt wird und wir hören gar nicht zu oder denken gerade an etwas anderes?
Tja, dann fliegen die Ideen der Geschichte an uns vorüber wie die Samenkörner, die auf den Weg fielen und zertreten wurden. Aus, nichts bleibt von ihnen übrig, nichts von den Körnern und nichts von den Ideen der Geschichte.
Und was ist, wenn wir die Geschichte zwar klasse finden, aber dann doch schnell vergessen? Dann ist es wohl wieder nichts, die Geschichte ist ins Dornengestrüpp unserer Gedanken gefallen, wie die Samenkörner, sie wird vergessen.
Aber wie ist es, wenn die Worte Jesu ankommen bei uns und guten Boden finden in unserem Herzen, so wie die Samenkörner, die auf guten Boden fallen? Dann wird diese Geschichte Jesu lebendig in uns. Wir erkennen, wie Jesus uns braucht, damit es ein wenig besser wird in unserer Welt.

In Anlehnung an Matthäus 13,18-23

Hören und glauben

Als der Engel Gabriel zu Maria kam,
da erschrak sie.
Der Gottesbote
sagte zu ihr:

„Gegrüßet
seist du, Maria!

Du brauchst dich
nicht zu fürchten,
Gott ist mit dir.
Du wirst einen Sohn
bekommen.
Dem sollst du den
Namen *Jesus* geben.
Er wird *Sohn Gottes*
genannt werden."
Maria hörte die Worte, verstand sie aber nicht.
Der Gottesbote sprach:
„Gott wird dir
ganz nahe sein."
Maria hörte mit ihrem
ganzen Herzen zu. Dann
sagte sie:
„Ich will mich Gott
anvertrauen!
Mir geschehe,
wie du gesagt hast!"
Da verließ sie der Engel.

Nach Lukas 1,26-38

Wir hören die frohe Botschaft Gottes

Du legst uns deine Worte und deine Taten vor.
Herr, öffne unsre Herzen und unser Ohr!
Herr, sammle die Gedanken und schick uns deinen Geist,
der uns das Hören lehrt und dir folgen heißt.

P **Der Herr sei mit euch.**
A **Und mit deinem Geiste.**
P **Aus dem heiligen Evangelium nach ...**
A **Ehre sei dir, o Herr.**

P **Evangelium unseres Herrn Jesus Christus.**
A **Lob sei dir, Christus.**

Der Priester Eli schlief auf seinem Lager. Er war alt und seine Augen waren schon schwach geworden, er war fast blind. Ein Junge, dem seine Eltern den Namen Samuel gegeben hatten, half ihm beim Tempeldienst in Jerusalem. Es war Abend und Samuel schlief im Tempel des Herrn, wo die Bundeslade Gottes stand.
Da geschah es: Samuel hörte eine Stimme, die ihn rief. Er glaubte, es sei Eli und lief zu ihm: „Hier bin ich, du hast mich gerufen." Eli aber erwiderte erstaunt: „Nein, mein Junge, ich habe dich nicht gerufen, geh wieder schlafen."
Da legte Samuel sich wieder schlafen. Doch dann hörte er erneut eine Stimme, die ihn rief, und er lief abermals zu Eli und sagte: „Hier bin ich, du hast mich doch gerufen." Eli aber erwiderte ihm abermals: „Ich habe dich nicht gerufen, geh endlich schlafen."
Und Samuel legte sich wieder auf sein Lager. Aber da hörte er zum dritten Mal eine Stimme: „Samuel!" Samuel sprang auf und lief zu Eli: „Hier bin ich, du hast mich ja doch gerufen." Da wurde der alte Eli nachdenklich und sagte zu Samuel: „Geh, leg dich auf dein Lager. Wenn du die Stimme noch einmal hörst, dann antworte: Rede, Herr, dein Diener hört. Denn es wird Gott sein, der dich ruft. Achte auf das, was er dir mitteilt."
Samuel ging und legte sich wieder auf sein Lager. Da hörte er wie vorher die Stimme, die ihn rief: „Samuel, Samuel!" Sofort antwortete Samuel: „Rede, Herr, ich, Samuel, dein Diener, ich höre."
Und Samuel lauschte aufmerksam der Botschaft Gottes.

Nach dem Buch Samuel

Wer macht mit?

1 Du musst dich schon ganz gut konzentrieren, wenn du mit verbundenen Augen eine Geräuschquelle ausfindig machen willst, die ein anderer versteckt hat, z. B. einen Wecker oder ein kleines Radio. Es kann sich aber auch jemand selbst verstecken und ein Klanginstrument leise anschlagen.

2 Die Kinder sitzen im Stuhlkreis, so, dass man außen herumlaufen kann. Zwei Kinder bekommen die Augen verbunden. Eines ist Jakob, das andere muss ihn fangen. Jakob meldet sich immer, wenn das andere Kind ihn sucht und ruft: „Jakob, wo bist du?" Der antwortet z. B.: „Hier!" und sagt damit die Richtung an, wo er sich im Augenblick befindet. Dann huscht er schnell weg. Er möchte ja nicht gefangen werden.

3 Jeweils ein Kind verlässt kurz den Raum, damit die anderen einen Gegenstand aussuchen können, den das Kind anschließend finden muss. Das Klatschen der Gruppe zeigt ihm den richtigen Weg dorthin. Wenn das Kind hereinkommt, klatscht die Gruppe langsam und leise. Das Klatschen wird aber schneller und lauter, je näher das Kind an den gesuchten Gegenstand herankommt. – Wenn der Gegenstand gefunden ist, dann möchten sicherlich die anderen Kinder auch einmal suchen.

4 Alle Mitglieder der Gruppe gehen im Raum umher. Ein Kind gibt mit einem Tamburin oder durch Klatschen den Takt an und zeigt, ob ihr langsam oder schnell, leise oder laut gehen sollt. Hört das Instrument auf zu klingen, müsst ihr stehen bleiben. Auf ein vereinbartes Zeichen hin lasst ihr euch fallen. Wenn das Instrument wieder ertönt, müsst ihr gleich aufstehen und weitergehen.

5 Lustig ist ein Zwiegespräch ohne Worte mit je einem Schlaginstrument z. B. Tamburin, Triangel, Rassel, Holzblocktrommel oder auch ein Kochtopf oder Blechdose. Ein Kind drückt mit Gesten, Körperhaltung und mit Schlägen auf seinem Instrument aus, was es mitteilen möchte. Ein anderes Kind antwortet auf gleiche Weise mit Gesten, Körperhaltung und seinem Instrument.

Gegrüßet seist du,
Maria,
voll der Gnade,
der Herr ist mit dir.
Du bist gebenedeit
unter den Frauen,
und gebenedeit ist die
Frucht deines Leibes,
Jesus.
Heilige Maria,
Mutter Gottes,
bitte für uns Sünder
jetzt und in der Stunde
unseres Todes.
Amen

Gotteslob 595

6 Wir werden neu geboren

Wasser schenkt Leben

Rettung in der Wüste

Stell dir vor, du und dein Freund, ihr seid Flieger. Euer Flugzeug muss notlanden, mitten in der Wüste. Zwei Tage schon wartet ihr auf Rettung. Ihr schaut zum Himmel. Wie ein großer blauer Vorhang hängt er über euch. Kein rettendes Flugzeug ist zu sehen.
Ihr schaut zur Erde. So weit euer Auge reicht, goldbrauner Sand, wie ein riesiges Tischtuch vor euch ausgebreitet. Weit und breit kein Mensch, kein Tier, nicht einmal ein Grashalm. Nichts als Sand, Sand, Sand.
Unbarmherzig heiß brennt die Sonne. Nur das Flugzeug gibt ein wenig Schatten. Die Feldflasche ist leer. Nichts mehr zu trinken. Die Trockenheit schnürt euch die Kehlen zu. Das Schlucken tut weh. Die Spucke im Mund ist verschleimt. Die Lippen sind aufgesprungen. Der Kopf schmerzt, der Bauch knurrt.
Ihr fühlt euch wie ausgepresste Zitronen.
Ihr habt nur einen Gedanken:
Wasser, Wasser, Wasser.
Ihr vertrocknet,
wenn keine Rettung
kommt …

Da erscheint ein Araber auf der Düne … Ein Wunder! Ein Wunder! Er kommt auf uns zu wie ein Gott über das Meer!
Er hat uns ins Gesicht gesehen, hat uns die Hände auf die Schultern gelegt, wir haben ihm gehorcht und uns hingelegt. Ein armer Wanderhirte hat Engelshände auf unsere Schultern gelegt. Und nun trinken wir, auf dem Bauche liegend, den Kopf im Becken wie Kälber. Der Beduine erschrickt und zwingt uns, alle Augenblicke einzuhalten. Aber kaum lässt er uns frei, so tauchen wir auch schon das ganze Gesicht ins Wasser. Wasser!
Wasser, du hast weder Geschmack noch Farbe noch Aroma. Man kann dich nicht beschreiben. Man schmeckt dich, ohne dich zu kennen. Es ist nicht so, dass man dich zum Leben braucht: Du selber bist das Leben!

Nach
Antoine de Saint-Exupéry

Auftauchen zu neuem Leben

Die Geschichte von Jona

Jona hatte von Gott einen Auftrag erhalten. Er sollte den Menschen in der Stadt Ninive eine Botschaft bringen.
Aber Jona will das nicht und läuft weg. Er geht an Bord eines Schiffes. Bald entsteht ein gewaltiger Seesturm. Das Schiff gerät in Not. Jona merkt: Gott ist mir böse. Er stürzt kopfüber ins Meer. Ein großer Fisch verschlingt ihn.

Drei Tage und drei Nächte ist Jona im dunklen Bauch des Fisches. Da schreit er zu Gott: Hilf mir! Und er verspricht, seine Aufgabe zu erfüllen.

Daraufhin schwimmt der Fisch an Land und reißt sein Maul weit auf. Jona kommt unversehrt aus dem Fischmaul heraus. Trotz, Ungehorsam, Angst, alles bleibt im dunklen Wasser zurück. Wie neugeboren steigt Jona aus dem Wasser ans helle Tageslicht. Er faltet seine Hände und dankt Gott.

Die Jonageschichte könnt ihr spielen:
Jedes Kind ist Jona und hockt unter einer Decke, wie Jona im Bauch des Fisches. Da ist es dunkel und eng. Nach einer Weile lüftet ihr die Decke ein wenig – der Fisch öffnet sein Maul. Es wird hell. Wie Jona steigt ihr aus dem Dunkel (eurer Decke) aus und streckt euch dem Licht entgegen. – Erzählt euch anschließend, was ihr beim Spiel empfunden habt.

Durch die Taufe gehören wir zur Gemeinschaft der Christen

Jesus sagt zu seinen Jüngern:
Geht zu allen Völkern der Welt und macht die Menschen zu meinen Jüngern.
Tauft sie:

> Im Namen des Vaters und des Sohnes, und des Heiligen Geistes.

Lehrt sie alles zu befolgen, was ich euch aufgetragen habe. Denkt daran:
Ich bin bei euch, jeden Tag
bis zum Ende der Welt.

Matthäus 28, 18-20

Gotteslob 636

2. Segne dieses Kind und hilf uns ihm zu helfen,
dass es hören lernt mit seinen eigenen Ohren
auf den Klang seines Namens,
auf die Wahrheit der Weisen,
auf die Sprache der Liebe
und das Wort der Verheißung.

3. Segne dieses Kind und hilf uns ihm zu helfen,
dass es reden lernt mit seinen eigenen Lippen
von den Freuden und Sorgen,
von den Fragen der Menschen,
von den Wundern des Lebens
und dem Wort der Verheißung.

Licht auf unserem Weg

An einem Winterabend lädt Frau Baumann die Kinder der Gruppe mit ihren Eltern zur Gruppenstunde ein. Anfangs ist es noch ganz laut im Zimmer. Alle sprechen durcheinander. Nun setzen sie sich hin. Dann schaltet Frau Baumann das Licht aus. Da wird es ganz still. Frau Baumann zündet eine Kerze an und stellt sie in die Mitte. Sie sagt: „Wir wollen ein paar Minuten still ins Kerzenlicht schauen und uns danach gegenseitig mitteilen, was wir so empfinden“:

Ist das nicht lustig, wie die Schatten an der Wand tanzen? Oma hat Recht. Sie sagt oft: „Wo Licht ist, da ist auch Schatten“.

Wenn in der Osternacht die Osterkerze angezündet wird, dann singt der Priester: „Lumen Christi“. Der Kaplan sagt, das heißt: Jesus Christus ist das Licht der Welt. Er macht unser Leben hell.

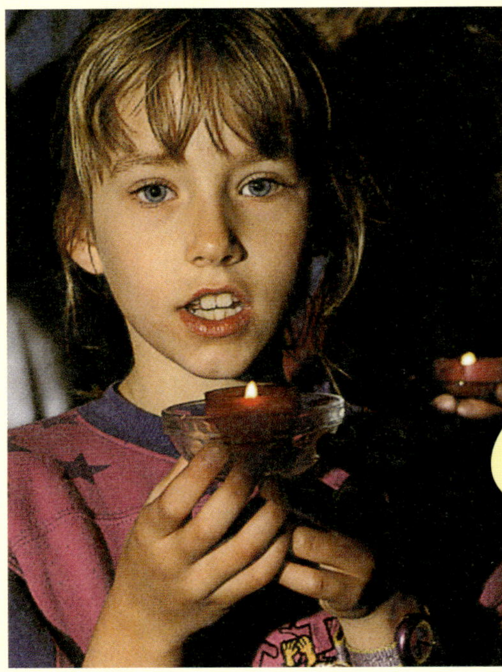

Ist das nicht toll? Eine einzige Kerze genügt, um einen Raum ein bisschen hell zu machen. Dann brauche ich keine Angst mehr zu haben.

Wenn ich Geburtstag habe, dann zündet meine Mutter oder mein Vater für jedes Jahr eine Kerze an. Die darf ich dann ausblasen.

Ich freue mich immer auf die Adventszeit, wenn eine Kerze nach der anderen angezündet wird. Bis dann die vielen Kerzen am Weihnachtsbaum es ganz hell und festlich machen.

Als meine Oma gestorben war, hat mein Opa eine Sterbekerze angezündet. Er hat gesagt: „Die soll Oma heimleuchten.“

Hm, riecht die Kerze gut!

Ich spüre auch die Wärme an meinem Gesicht.

Frau Baumann sagt: „Liebe Kinder, nun ahnt ihr bestimmt, was uns die Kommunionkerze sagen will. Sie erinnert uns an die Taufe, bei der die Kerze angezündet wurde als das Licht Jesu Christi. Denn Jesus hat zu seinen Freunden und Freundinnen gesagt: ‚Ich bin das Licht der Welt. Wer mit mir geht, wird nicht im Dunkeln sein und ich werde sein Leben hell machen.‘ Mit der Taufe gehören wir zu Jesus Christus, wir sind Christinnen und Christen.“

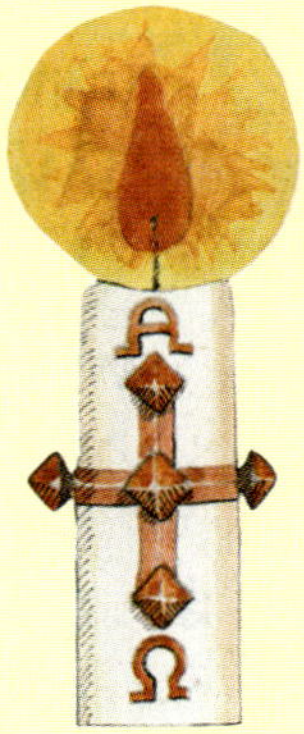

Erinnerungen an meine Taufe

Am

wurde ich in der Kirche

getauft

Meine Taufpaten sind:

Wir erneuern unser Taufversprechen

P J … unden und Freundin-
n … nd erzählt allen Men-
s … ich euch alles gesagt
h … dass wir über seine
V … ichten nachdenken.
V … en?

K J …

P J … wir Gott lieben und
a … ilft uns dabei. Wollt
i …

K J …

P J … wir, so wie er, Men-
s … Hilflosen, die Aller-
ä … ındlichen. Wollt ihr
c …

K J …

P Jesus wünscht, dass wir aus dem Geist Gottes leben. Wollt ihr es versuchen?

K Ja, das wollen wir.

P Jesus wünscht, dass wir Böses vermeiden und dass wir gutmachen, wenn wir Falsches und Böses getan haben. Wollt ihr es versuchen?

K Ja, das wollen wir.

P Jesus wünscht, dass wir vergeben lernen und miteinander den Frieden suchen. Wollt ihr es versuchen?

K Ja, das wollen wir.

P Wenn wir das versuchen, werden alle Menschen erkennen, dass wir Freunde und Freundinnen Jesu sind.

K Amen.

Wir bekennen unseren Glauben

Wir glauben an Gott,
der allen Menschen Vater und Mutter ist,
der alles wunderbar erschaffen hat:
Sonne, Mond und Sterne,
unsere Erde, Meere, Flüsse und Berge,
Tiere und Pflanzen und uns Menschen.

Wir glauben an Jesus Christus,
der uns den Weg zu Gott gezeigt hat
durch seine Worte und Taten.
Er musste am Kreuz sterben.
Doch Gott hat ihn vom Tode auferweckt
und zu sich in den Himmel genommen.
Er bleibt uns immer nahe.

Wir glauben an Gottes Heiligen Geist,
der uns stark macht,
Gott und die Menschen zu lieben
und seine Schöpfung zu achten.

Wir glauben und hoffen
in der Gemeinschaft der Kirche,
dass Gott auch uns einst
in seiner Liebe zu sich nimmt
für alle Ewigkeit. Amen.

Das alte Apostolische Glaubensbekenntnis, das meistens in der Messe gebetet wird, findest du im Gebet- und Messbuch für Kinder, *beten – singen – feiern*, S. 59.

Ein Kommunion-kind wird getauft

Begrüßung:

Lied:
Du hast uns, Herr, gerufen, 1. Str. (s. S. 15)
Der Priester begrüßt Julia, ihre Angehörigen und die Gemeinde.

P **Du hast einen schönen Namen ...**
K **Ja, ich heiße Julia.**
Der Priester, die Eltern und Paten segnen Julia.

Fürbitten:

Eltern: Herr, gib uns Kraft, Julia ein gutes Zuhause in Liebe zu geben, damit sie sich geborgen fühlt und fröhlich aufwachsen kann.

Paten: Herr, hilf Julia, dass sie in Freiheit ihren eigenen Weg im Leben findet.

1. Kind: Ich bringe das Wasser, mit dem Julia getauft wird. Herr, lass sie immer genug zum Leben haben, damit sie wachsen kann.

2. Kind: Ich bringe das Salböl. Herr, lass Julia immer Menschen finden, die ihr helfen gesund zu bleiben.

3. Kind: Ich bringe als Taufkleid ein weißes T-Shirt mit allen Namen der Gruppenkinder, damit Julia oft mit Freude an diesen Tauftag zurückdenkt.

4. Kind: Ich bringe die Taufkerze für Julia, damit dein Licht ihr Leben hell macht.

Priester: Jesus, durch die Taufe gehören wir zu dir. Segne uns und bleibe bei uns auf all unseren Wegen.

Taufe:

Handauflegung: Der Priester legt die Hände auf Julias Kopf und betet.

Glaubensbekenntnis: Julia, ihre Angehörigen und die Gemeinde bekennen ihren Glauben. Nach der Weihe des Taufwassers gießt der Priester dreimal etwas Wasser über Julias Kopf und spricht dabei die Taufworte, die Jesus uns aufgetragen hat:

P **Julia: Ich taufe dich im Namen des Vaters und des Sohnes und des Heiligen Geistes.**
K **Amen.**

Salbung: Julia wird mit heiligem Öl gesalbt, als Zeichen, dass sie jetzt zu Christus gehört.

Weißes Kleid: Der Priester gibt Julia das T-Shirt als Zeichen der Würde, Gottes Kind zu sein.

Taufkerze: Die Eltern oder Paten zünden an der Osterkerze Julias Taufkerze an als Zeichen, dass Jesus das Licht der Welt ist und Julia erleuchten will.

Schlusslied:

Du hast uns, Herr, gerufen, 2. und 3. Strophe (s. S. 15)

Text: nach Jesaja 60,1
Melodie: Kommunität Gnadenthal

Köpfchen
Köpfchen!

7

Unser tägliches Brot gib uns heute

Das Brot
steckt voller Geschichten

Ich selber war ein Weizenkorn.
Mit vielen, die mir anverwandt,
lag ich im lauen Ackerland.
Bedrückt von einem Erdenkloß,
macht ich mich mutig strebend los.
Gleich kam ein alter Has gehupft
und hat mich an der Nas gezupft,
und als es Winter ward, verfror,
was peinlich ist, mein linkes Ohr,
und als ich reif mit meiner Sippe,
o weh, da hat mit seiner Hippe
der Hans uns rundweg abgesäbelt
und zum Ersticken festgeknebelt
und auf die Tenne fortgeschafft,
wo ihrer vier mit voller Kraft
im regelrechten Flegeltakte
uns klopften, dass die Schwarte knackte.
Ein Esel trug uns in die Mühle.
Ich sage dir, das sind Gefühle,
wenn man, zerrieben und gedrillt
zum allerfeinsten Staubgebild,
sich kaum besinnt und fast vergisst,
ob Sonntag oder Montag ist.
Und schließlich schob der Bäckermeister,
nachdem wir erst als zäher Kleister
in seinem Troge bass gehudelt,
vermengt, geknebelt und vernudelt,
uns in des Ofens höchste Glut.
Jetzt sind wir Brot. Ist das nicht gut?
Frischauf, du hast genug, mein Lieber,
greif zu und schneide nicht zu knapp
und streiche tüchtig Butter drüber
und gib den andern auch was ab!

Wilhelm Busch

Man nehme:

1 große Backschüssel
1 Holzlöffel
1/2 l warmes Wasser
700 gr. Weizenmehl
50 gr. Hefe
1 Teelöffel Salz
1 Eigelb

Man rühre
und knete
und backe!

Das Brot der Liebe

Es war einmal ein König. Er war ein guter König und sorgte für seine Untertanen. Niemand musste Hunger leiden. Jeden Streit schlichtete er mit großer Weisheit.
Allmählich aber fühlte er sein Alter nahen und er dachte: „Was soll aus meinem Volk werden, wenn ich es nicht mehr regieren kann?" Lange dachte er nach. Dann ließ er den Prinzen, seinen Sohn, zu sich kommen und sprach: „Mein Sohn, ich habe dir die besten Lehrer gegeben. Du hast viele Wissenschaften dieser Welt studiert. Du kannst mit den besten Degen fechten und die schnellsten Pferde reiten. Aber kannst du auch den Hunger der Menschen stillen? Geh deshalb in die Welt hinaus und suche das Brot der Liebe. Nur wenn du das gefunden hast und es mit deinen Untertanen teilen kannst, werden Liebe und Frieden in deinem Reich regieren. Dann wirst du ein guter König sein."

So zog der Prinz fort und suchte das Brot der Liebe. Er saß an den Tischen der Fürsten und reichen Kaufleute. Köstliche Brote lagen auf kostbaren Tellern und alle wollten nur das beste und leckerste haben. Nein, Brot der Liebe war das nicht.
Er ging in die Backstuben der Dörfer und Städte. Aber die Bäcker verkauften die Brote viel zu teuer. Nein, Brot der Liebe war das auch nicht.
Der Prinz wurde immer trauriger.
Wen er auch fragte: Keiner hatte jemals vom Brot der Liebe gehört.
Zuletzt kam er am Rande eines Dorfes auf eine Wiese. Auf der hütete ein Junge eine Schafherde. Der Prinz war müde und setzte sich ins Gras. Der Junge sah ihn an und fragte: „Wer bist du? Du siehst so müde aus!" Der Prinz nickte. „Vielleicht hast du auch Hunger?", fragte der Junge und holte aus seiner Tasche ein kleines Brot. „Schau her, das hat meine Mutter für mich gebacken. Es ist nicht groß, denn sie hatte nicht viel Mehl. Aber ich möchte es gern mit dir teilen." Dann brach der Junge das Brot und reichte dem Fremden ein Stück. Der nahm es und rief: „Ich danke dir, kleiner Junge, dass du mit mir dein Brot teilst. Das ist wirklich das Brot der Liebe, das ich so lange gesucht habe."

Der Prinz kehrte zum alten König zurück und erzählte ihm, dass ein Hirtenjunge mit ihm sein kleines Brot geteilt habe. Dann sagte er: „Da wusste ich: Das geteilte Brot ist das Brot der Liebe."
Als der Prinz dann selbst König geworden war, wollte er sich immer an diesen Tag erinnern: „Ich will Jahr für Jahr mit meinen Untertanen ein Brotfest feiern, an dem wir Brot miteinander teilen und von dem Hirtenjungen und dem Brot der Liebe erzählen."

Hermine König

Nicht alle werden satt

Bindas Speisekarte einer Woche

Montag	Donnerstag
Dienstag	Freitag
Mittwoch	Samstag

Meine Speisekarte einer Woche

Was die Trauben reifen lässt,
das sind die Kräfte der Erde,
des Regens und der Sonne –
und nicht zu vergessen
die mühsame Arbeit der Winzer.

Der köstlichste Becher Wein

Die Winzer hoffen, dass Sonne und Regen im Sommer so ausgewogen sind, dass die Weinernte gut wird. Ende September, Anfang Oktober fängt dann die Traubenlese an. Meist helfen viele Männer und Frauen und auch Kinder dem Winzer bei dieser Ernte, die oft viel Spaß macht.

In den wenigen breiteren Querwegen stehen die Wagen mit den schweren Bottichen, den Kufen, und wenn so eine Helferin ihre Rückentrage voll hat, schwankt einer der Männer damit herunter und kippt die wunderbaren gelbgrünen oder dunkelblauen Trauben einfach auf die, die schon drin sind, und kein Mensch denkt darüber nach, dass sie ja zerquetscht werden. Immer hat mir das Leid getan, weil sie doch so rund und prächtig an den Weinstöcken hängen und so gehütet worden sind, und dann auf einmal – bauz – hinein mit ihnen in die Butte. „Dummes Kind", sagte mein Großvater allemal, „die werden doch jetzt alle in der Kelter gepresst, damit Most draus wird; da dürfen sie schon vorher zerdrückt werden, das macht nichts."

Die Kelter hab ich wirklich einmal gesehen bei ihrer Arbeit mit den Trauben. Es war kalt und neblig im Hof und sicher war es spät im Jahr und ich war noch so klein, dass ich noch nicht in die Schule ging. Die fing früher am 18. September an: Da hätte ich nicht bei der Kelterei dabei sein können. Aber ich war dabei und stand herum im Feuchten und fror und die Trauben taten mir Leid, wie sie in die schwere Presse kamen, aus der irgendwo Saft heraussprudelte. Leid taten sie mir, die armen zerquetschten Dinger, bis mir jemand einen kleinen Becher füllte an dem Saftbrunnen; da hab ich vergessen, dass es eben noch schöne, runde Beeren waren, weil der Saft so unbeschreiblich schmeckte wie nichts, was ich bisher zu trinken bekommen hatte.
Seitdem hab ich manchmal Wein getrunken. Aber er hat nie mehr so geschmeckt wie der in meinem kleinen Becher.

Dora Hecker

Wir bringen unsere Gaben

P Gepriesen bist du, Herr, unser Gott,
Schöpfer der Welt.
Du schenkst uns das Brot,
die Frucht der Erde
und der menschlichen Arbeit.
Wir bringen dieses Brot vor dein Angesicht,
damit es uns das Brot des Lebens werde.

A Wir preisen dich, Herr, unser Gott.

P Gepriesen bist du, Herr, unser Gott,
Schöpfer der Welt.
Du schenkst uns den Wein, die Frucht des Weinstocks und der menschlichen Arbeit.
Wir bringen diesen Kelch vor dein Angesicht,
damit er uns der Kelch des Heiles werde.

A Wir preisen dich, Herr, unser Gott.

Gabengebet

P Herr, unser Gott, wir bringen das Brot dar,
das aus vielen Körnern bereitet,
und den Wein, der aus vielen Trauben gewonnen ist.
Schenke deiner Kirche,
was die Gaben geheimnisvoll bezeichnen:
die Einheit und den Frieden.
Darum bitten wir durch Christus,
unseren Herrn.

A Amen.

Wer macht mit?

1 Es gibt viele Brotsorten, die unterschiedlich schmecken. Und das Schmeck-Rate-Spiel geht so: Einem Kind von euch werden die Augen verbunden. Auf einem Teller liegen kleine Brotstückchen von unterschiedlichen Brotsorten: Weißbrot, Schwarzbrot, Rosinenbrot, Nussbrot, Knäckebrot, Kümmelbrot ... Nun darf sich das Kind drei Stücke Brot vom Teller nehmen, daran riechen, es schmecken und euch erzählen, wie es schmeckt. Wenn es die Brotsorte erraten hat, ist das nächste Kind an der Reihe.

2 Bringt Trauben mit in die Gruppe. Nehmt sie in die Hand, fühlt sie an, schaut sie an und riecht daran. Dann presst die Trauben und schaut, wie sie sich verändern und der Saft herausfließt. Den könnt ihr jetzt kosten.
Aus dem Saft macht der Winzer Wein. Lasst euch von eurem Pfarrer erzählen, wo er den Messwein kauft und wo die Trauben dafür wachsen. Vielleicht könnt ihr sogar einmal einen Winzer besuchen.

3 Mit der Gruppe oder eurer Familie könnt ihr einmal eine Fastenwanderung unternehmen, mindestens einen halben Tag lang. Unterwegs gibt es nichts zu essen, nur Tee und Sprudelwasser gegen den Durst. Da fällt euch bestimmt manches ein, was ihr unterwegs alles machen wollt. – Wenn ihr danach zurück seid, dann esst gemeinsam ein leckeres Butterbrot und trinkt Traubensaft dazu. Schön wäre auch ein Gebet für die Kinder auf der ganzen Welt, die an diesem und auch an anderen Tagen hungern müssen. Das Geld, das ihr an eurem Fastentag gespart habt, das könnt ihr zusammenlegen und für hungernde Kinder spenden.

4 Wie der Adventskranz durch die Adventszeit, so kann dich eine Fastenblume durch die Fastenzeit begleiten. Wie die Blumenknospen sich im Frühjahr entfalten, so entfaltet sich deine Fastenblume Woche für Woche, bis sie zu Ostern voll erblüht ist.
Schneide mit Eltern und Geschwistern zusammen aus einem farbigen, quadratischen Karton eine Blumenform aus, wie sie oben abgebildet ist: mit sechs Blütenblättern für die sechs Fastenwochen. Bemalt je ein Blatt, wie Jesus die Menschen satt gemacht hat mit Brot und mit seiner Freundschaft. Ihr findet solche Geschichten in diesem Buch. Die Blumenmitte bemalt ihr mit einem Zeichen (P), bunten Ostereiern u. a. Überlegt euch dann, wie ihr die Blütenblätter abdecken könnt, damit ihr sie einzeln Woche für Woche öffnen könnt.

Was wir **täglich** brauchen,
das gib uns, guter Gott:
Unser **tägliches Brot** gib uns heute.
Unser **tägliches Wasser** gib uns heute.

Gotteslob 16/9

Unsere **tägliche Wohnung** gib uns heute.
Unsere **täglichen Kleider** gib uns heute.
Amen, Amen.

Unsere **tägliche Arbeit** gib uns heute.
Unsere **täglichen Spiele** gib uns heute.
Amen, Amen.

Unsere **tägliche** ... gib uns heute.
Unsere **täglichen** ... gib uns heute.
Amen, Amen.

8

Lasset uns danken

Märchen vom

Hans hatte seinem Herrn sieben Jahre gedient. Dann wollte er wieder nach Hause zu seiner Mutter. Für seine gute Arbeit gab sein Herr ihm zum Lohn ein Stück Gold. Das war so groß wie sein Kopf. Hans bedankte sich und legte den Goldklumpen auf seine Schultern. Dann machte er sich auf den Weg. Da kam ein Reiter des Weges geritten. Ach, wie viel lieber wollte Hans auf einem Pferd reiten, anstatt mühsam zu Fuß zu gehen. Schon tauschte er sein Gold gegen das Pferd und ritt voller Freude davon.

Als das Pferd jedoch zu galoppieren begann, fiel der ungeübte Reiter in einem hohen Bogen vom Pferd in einen tiefen Graben. Ein Bauer, der eine Kuh vor sich hertrieb, fing das Pferd ein. Er tröstete den unglücklichen Reiter und bot ihm die Kuh für das stürmische Pferd an. Hans willigte dankbar ein. Er nahm die Kuh und machte sich mit ihr auf den Weg. Fröhlich dachte er darüber nach, dass er mit seiner Kuh nie mehr zu hungern brauchte.

Von dem langen Marsch bekam Hans Durst auf frische Milch. Deshalb beschloss er seine Kuh zu

Hans im Glück

melken. Doch die Kuh trat den ungeschickten Melker so heftig gegen den Kopf, dass er zu Boden taumelte. Glücklicherweise kam ein Metzger mit einem Schwein daher und Hans tauschte seine störrische Kuh gegen das Schwein.
Fröhlich zog er weiter und sprach zu sich selbst: „Wie dankbar muss ich doch sein: Jede Verdrießlichkeit wird wieder gutgemacht." Da begegnete ihm ein listiger Bursche mit einer fetten Gans unter dem Arm. Er erzählte Hans, dass sein rosiges Schwein bestimmt gestohlen sei. Und schon tauschte Hans sein Schwein gegen die Gans. Vergnügt ging er weiter und dachte schon an den fetten Gänsebraten und die weichen Gänsefedern für das Kopfkissen.
Ein wenig später begegnete ihm ein Scherenschleifer mit einem Schleifstein. Als Hans stehen blieb, bot ihm der Schleifer seinen Schleifstein an. Hans griff freudig zu; dachte er doch daran, damit immer sein „täglich Brot" verdienen zu können.
Als er müde wurde, ließ er sich an einem Brunnen zum Trinken nieder. Da stieß er versehentlich seinen Stein in die Tiefe des Brunnens. Als er ihn versinken sah, sprang er vor Freude auf, kniete nieder und dankte Gott mit Tränen in den Augen, dass er nun von allem befreit war, was ihm so hinderlich gewesen. Im klaren Brunnenwasser erkannte er sein Gesicht. „So glücklich und dankbar wie ich", rief er aus, „gibt es keinen Menschen unter der Sonne." Fröhlich sprang er nach Hause.

Nach den Brüdern Grimm

Dankeschön!

Für den Fußball!

Wie und wo du „Dankeschön“ sagen möchtest,
kannst du hier malen.

Jesus machte zehn kranke Männer gesund. Sie gingen nach Hause.

Aber nur einer von ihnen kehrte um und dankte Gott mit lauter Stimme.

Nach Lukas 17,11-18

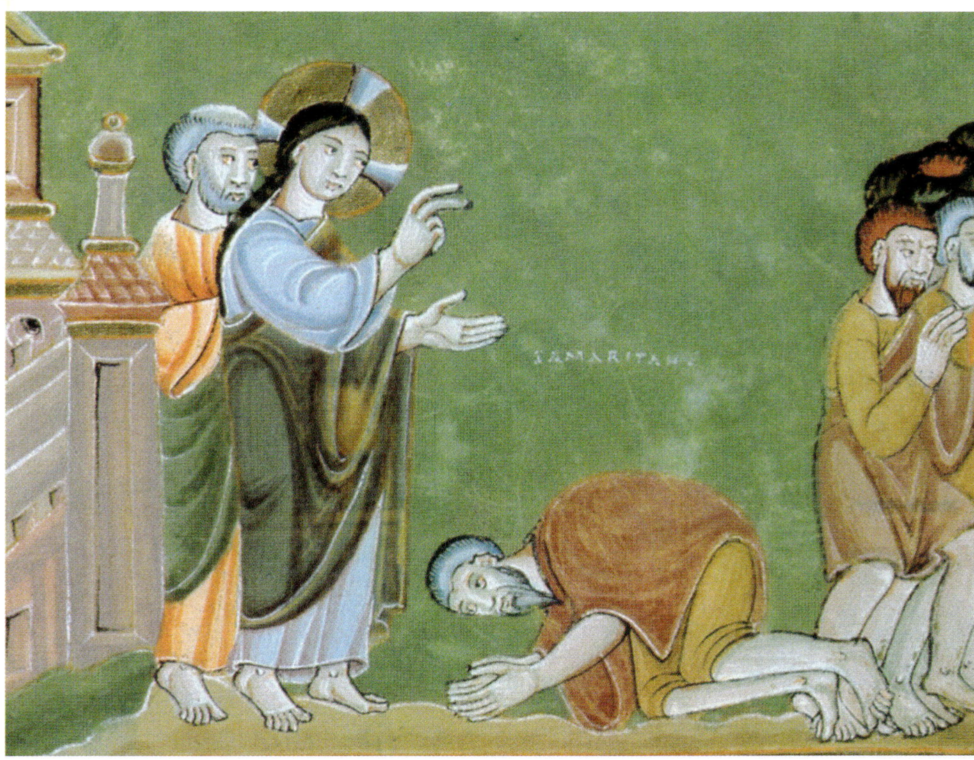

Es ist im Jahr 1225. Franziskus hat ein schlimmes Augenleiden. Er fürchtet ganz blind zu werden. Er leidet sehr. Fünfzig Tage verbringt er in einem dunklen Raum, weil er das helle Tageslicht nicht erträgt. Die Augenschmerzen lassen ihn weder schlafen noch ausruhen. Er denkt an die Blumen, die Bäume, die Sonne, den Mond und die Sterne, an all die wunderbaren Dinge aus der Schöpfung Gottes, die ihm das Leben so schön gemacht haben. Er ist traurig, sie bald nicht mehr sehen zu können. Da hat er inmitten seiner Schmerzen plötzlich einen Traum von einer noch schöneren Schöpfung. Franziskus wird von einer so großen Freude erfüllt, dass in ihm ein wunderschönes Lied entsteht, der Sonnengesang, ein Loblied auf die ganze Schöpfung.

Sonnengesang des Bruders Franz

Allmächtiger und guter Herr,
dein ist das Lob und die Ehre,
dein ist das Lob und der Dank.

Gelobt seist du, mein Herr,
mit all deinen Geschöpfen,
vor allem mit dem Bruder Sonnenball,
er schenkt uns den Tag und das Licht.
Schön ist er, strahlend in großem Glanz,
er ist strahlend wie du.

Gelobt seist du, mein Herr,
durch die Schwester Mondsichel und die Sterne.
Am Himmel hast du sie gebildet,
hell leuchtend und schön.

Gelobt seist du, mein Herr,
durch den Bruder Wind,
durch Luft und Wolken und
jegliches Wetter.
Durch sie gibst du
deinen Geschöpfen Leben.

Gelobt seist du, mein Herr,
durch Schwester Wasser.
So nützlich ist das Wasser
und kostbar und rein.

Gelobt seist du, mein Herr,
durch Bruder Feuer,
durch das du die Nacht erleuchtest,
das Feuer ist schön und stark.

Gelobt seist du, mein Herr,
durch unsere Schwester, die Mutter Erde,
die uns erhält und ernährt,
vielfältige Frucht bringt
und bunte Blumen und Kräuter.
Gelobt seist du, mein Herr,
durch alle Menschen,
die aus Liebe zu dir verzeihen können
und Schwachheiten und Leiden ertragen.
Selig sind sie, wenn sie Frieden halten.

Gelobt seist du, mein Herr,
durch unseren Bruder Tod;
ihm kann niemand davonlaufen.
Selig alle, die mit deinem heiligen Willen
übereinstimmen,
sie brauchen sich nicht zu fürchten.

Lobet und preist meinen Gott und Herrn!
Sagt ihm Dank und dient ihm demütig!

Lasset uns danken dem Herrn, unserm Gott

P Der Herr sei mit euch.
A Und mit deinem Geiste.
P Erhebet die Herzen.
A Wir haben sie beim Herrn.
P Lasset uns danken
dem Herrn, unserm Gott.
A Das ist würdig und recht.

P Gott, unser Vater, du hast uns zusammengerufen.
Wir sind hier und wollen dich loben.
Wir wollen dich ehren und dir sagen:
Groß bist du und wunderbar hast du alles gemacht.

Sei gelobt für die Sonne und die Sterne,
für das Licht, das die Welt erleuchtet.
Sei gelobt für die Erde und die Menschen,
für alles Leben, das du schenkst.
Gott, unser Vater, groß bist du,
herrlich hast du alles gemacht.
Deshalb rufen wir voll Freude:

P Gott, du denkst immer an uns Menschen
und willst uns nahe sein.
Darum hast du Jesus, deinen Sohn, zu uns gesandt.
Er hat die Kranken geheilt.
Er hat den Sündern ihre Schuld vergeben.
Er war ein Freund der Unglücklichen und der Armen.
Er hat sein Leben für die Menschen hingegeben.
Dafür danken wir und rufen:

A Heilig, heilig, heilig bist du.

Text und Melodie: Karl Heinz König

2. Wir danken, wir danken
für Erde, Wind und Wasser.
Wir loben ...

3. Wir danken, wir danken
für Menschen, Tier und Pflanzen.
Wir loben ...

4. Wir danken, wir danken
für Jesus unseren Bruder.
Wir loben ...

5. Er zeigt uns die Liebe
des Vaters und des Sohnes.
Wir loben ...

Köpfchen Köpfchen!

Wer seine Freunde liebt,
ist für sie da

Füreinander da sein

Text und Melodie:
Heinz-Georg Surmund

2. Wenn du lebst, leb nicht allein,
hilf andern auch, helfen kann Kreise ziehn.
Zieh den Kreis nicht zu klein ...

3. Wenn du isst, iss nicht allein,
gib andern auch, geben kann Kreise ziehn.
Zieh den Kreis nicht zu klein ...

Tut dies zu meinem Gedächtnis

Ein Maler malte etwa 1400 Jahre nach Jesu Tod dieses Abendmahlsbild:

Jesus sitzt mit zwölf Männern um einen runden Tisch. Das sind seine Freunde, die Apostel. Sie sitzen eng zusammen. Elf von ihnen haben einen goldenen Heiligenschein, ein Zeichen, dass sie zu Jesus gehören. Nur einer nicht, Judas. Er nämlich wird Jesus verraten.

In der Mitte des Tisches steht die Schüssel mit den Resten des Osterlammes. Auf dem Tisch verteilt liegen die Brotstücke und stehen Becher mit Wein. Alle sind traurig. Sie spüren, Jesus feiert mit ihnen sein Abschiedsmahl. Johannes, der jüngste Apostel, hat sich eng an Jesus angeschmiegt. Er sucht bei ihm Geborgenheit. Jesus legt eine Hand auf seine Schultern. Er will ihn trösten.

Die Gesichter der Männer zeigen Ratlosigkeit und Trauer. Petrus, der neben Jesus sitzt, scheint ihn zu fragen: Was wird nun werden mit dir und mit uns?

Der Apostel Paulus schrieb etwa 20 Jahre nach Jesu Tod darüber in einem Brief an die Christengemeinde in Korinth:

Jesus nahm beim Mahl Brot und sprach das Dankgebet. Er brach das Brot und teilte es an die Apostel aus.

Er sagte: „Das ist mein Leib für euch."
Dann nahm er nach dem Mahl den Kelch mit Wein und ließ die Männer daraus trinken.

Er sagte: „Dieser Kelch ist der Neue Bund in meinem Blute."
„Feiert dieses Mahl immer wieder. Tut dies zu meinem Gedächtnis!"

Nach dem 1. Korintherbrief 11,23-25

Beim letzten Abendmahle

Gotteslob 537

In der Mitte des Bildes schwebt eine grüne Hostie über dem Abendmahlskelch. Grün ist die Farbe der Natur, die Farbe des Lebens. Deshalb hat auch der Maler Dali die Hostie grün gemalt. Er will damit sagen, sie ist Brot des Lebens. Von ihr aus sprüht edles Gold in alle Himmelsrichtungen. Gold ist die uralte Farbe für das Göttliche.

Von wem geht solche Kraft aus? Schaut einmal genau hin: von Jesus, er ist im Hintergrund sichtbar. Er breitet seine Arme aus. Er teilt das Brot aus, das auf dem Tisch liegt. An wen? Damals saßen seine Jünger an seinem Tisch. Heute sind wir es, seine Freunde und Freundinnen auf der ganzen Welt.

1965

Hingegeben

für  uns

Kinder und Eltern einer Gemeinde haben auf einen großen Karton ein Kreuz gemalt und viele Bilder aus Zeitungen und Illustrierten dazugeklebt. Damit wollen sie sagen: In seinem Leben und Sterben hat Jesus die Not und das Leid aller Menschen mitgetragen und zu Gott gebracht. Gott hat ihn nicht im Tod gelassen. Er hat ihn auferweckt. Gott lässt auch uns nicht im Tod.
Das will uns die Osterkerze zeigen.

Hoffnung für uns: Jesus ist auferstanden

Als Maria von Magdala und die andere Maria frühmorgens zum Grab gingen, entstand plötzlich ein Erdbeben. Da kam ein Engel vom Himmel, wälzte den Grabstein weg und setzte sich darauf. Er sagte: „Fürchtet euch nicht! Ich weiß, ihr sucht Jesus, den Gekreuzigten. Doch er ist nicht hier. Er ist auferstanden.“ Nach Mt 28,1-6

Der Priester betet:

Er hat uns jetzt zusammengeführt
an seinen Tisch, damit wir tun,
was er getan hat.
Deshalb haben wir Brot und
Wein bereitet.

Wir bitten dich, Vater:
Heilige diese Gaben,
damit sie für uns zum Leib und
Blut Jesu Christi werden.

Jesus war am Abend mit seinen
Jüngern zusammen,
um das Ostermahl mit ihnen
zu halten.

Da nahm er Brot und dankte dir, Vater.
Er teilte das Brot, gab es seinen Jüngern und sagte:
Nehmet und esset alle davon:
Das ist mein Leib, der für euch hingeben wird!

Dann sagte Jesus: Tut dies

Dann nahm Jesus auch
den Kelch mit Wein
und sprach den Lobpreis.
Er gab den Kelch
seinen Jüngern und sagte:

Nehmet und trinket alle daraus:
Das ist der Kelch des neuen und ewigen Bundes,
mein Blut, das für euch und für alle
vergossen wird zur Vergebung der Sünden!

P Geheimnis des Glaubens: A Deinen Tod, o Herr, verkünden wir und deine Auferstehung preisen wir, bis du kommst in Herrlichkeit.

zu meinem Gedächtnis!

Jesus,

du hast in deinem Leben Freunde und Freundinnen gehabt.
Aber du hast besonders die Menschen gesucht,
die in Not waren:
die Hilflosen und Kranken,
die Ausgestoßenen und Versager.
Du hast sie besucht und gesund gemacht.
Du hast sie ermutigt und ihnen Böses verziehen.
„So ist Gott“, hast du gesagt,
„er will, dass es allen Menschen gut geht.“
Ihr müsst besser miteinander umgehen.
Deinen Feinden gefiel das nicht.
Sie nahmen dich gefangen.
Aber auch, als du Angst hattest
und merktest, dass sie dich töten wollten,
bist du nicht feige geworden.
So groß war deine Liebe zu Gott und den Menschen.
Jesus, zeig mir, wie ich lieben kann.

Köpfchen
Köpfchen!

10

Lasst uns Frieden machen

Die Kette

Warum
schlägst
du deinen
Hund
frage ich
das Kind

Mein Bruder hat
mich geschlagen
antwortet das Kind

Warum schlägst du
den Kleinen
frage ich den Bruder

Mein Vater hat
mich geschlagen
antwortet
der Junge

Warum schlägst du
deinen Sohn
frage ich den Vater

Vielleicht antwortet er
Meine Eltern schlugen
mich auch als Kind

Die Kette
ist lang
wird länger
umschließt
die Welt

Wir sind gefangen
wenn nicht einer
der Stärksten
sich befreit
um das Kleine
zu schützen.

Elisabeth Heck

Der Düsseldorfer Künstler Josef Beuys hatte eine Idee: Er kaufte eine Kaiserkrone, brach die Edelsteine heraus, ließ das Edelmetall schmelzen und goss es in die Form eines Schokoladenosterhasen. Da Hasen sich stark vermehren, sind sie ein Zeichen des Lebens. Und Leben braucht Frieden. Manche Leute schüttelten den Kopf, aber andere wurden nachdenklich …

Ein paar Kinder kamen auf die Idee, Bleisoldaten in Friedenszeichen umzugießen, in Tauben, Hasen, Blumen, Herzen …

Friedenszeichen

Kleine weiße Friedenstaube,
fliege übers Land;
allen Menschen, groß und kleinen,
bist du wohl bekannt.
Fliege übers große Wasser,
über Berg und Tal;
bringe allen Menschen
Frieden,
grüß sie tausendmal.

Ellen Mertke

Schneide aus dünnem Karton eine Taube aus und schreibe das Gedicht darauf. Magst du sie wegschicken?

Der Prophet Jesaja träumt vom Frieden

Das Lamm
läuft dem
Wolf nicht davon, der Leopard
liegt dicht neben dem
Böcklein, Kalb und Löwe
füttern sich gegenseitig,
ein kleiner Junge kann sie hüten.
Kuh und Bärin werden Freundinnen,
ihre Jungen liegen beieinander;
der Löwe ernährt sich vom Stroh
wie das Rind.
Das kleine Kind spielt am Versteck
der Natter, nach dem Jungen der
Schlange greift das Kind mit der
Hand.
Nirgends handelt man böse;
denn angefüllt ist das Land mit
der Liebe Gottes.

Nach Jesaja 11,6-9

...und wie ich selbst vom Frieden träume

Male, wie du dir „Frieden" vorstellst!

Wir wünschen uns den Frieden

P Der Herr hat zu seinen Aposteln gesagt: Frieden hinterlasse ich euch, meinen Frieden gebe ich euch. Deshalb bitten wir: Herr Jesus Christus, schaue nicht auf unsere Sünden, sondern auf den Glauben deiner Kirche und schenke ihr nach deinem Willen Einheit und Frieden.
Der Friede des Herrn sei allezeit mit euch!

A Und mit deinem Geiste.

P Gebt einander ein Zeichen des Friedens.

Wir geben einander die Hand und sagen:

Der Friede sei mit dir!

Andere Friedenszeichen sind:

- Blumen oder Zweige austeilen (Zweige und Blumen sind Zeichen des Lebens, so auch des Friedens.)
- Brennende Kerzen verteilen (Viele Lichter machen hell und warm.)
- Selbst gebackene Plätzchen in Gestalt einer Taube verteilen (Die Taube ist ein altes Friedenszeichen.)
- Bunte Holzkugeln verteilen und später auf einer Gemeinschaftsschnur aufreihen. Jede und jeder ist Glied einer langen, bunten Friedenskette.

Vom Frieden reden hilft nicht viel

Zum Nachdenken

Wer hat mit dem Zwist angefangen?
Er doch! Ja er! Und sie dort!
Mitgegangen mitgehangen!

Nein, gerade andersherum:
Ihr habt angefangen, ihr!
Und zuallererst du
und deshalb und darum ...

Fragen wir etwa verkehrt?
Angenommen, man fragte immer:
Wer hat zuerst aufgehört?
Man fragte sie, ihn, dich, mich
und jeder könnte eines Tages guten
Gewissens sagen: Ich.

Hans Manz

Die Angst vor Streit und Hass und Krieg
lässt viele oft nicht ruhn.
Doch wenn man Frieden haben will,
muss man ihn selber tun.

Der Frieden wächst, wie Rosen blühn,
so bunt, so schön und still.
Er fängt bei uns zu Hause an,
bei jedem, der ihn will.

Vom Frieden reden hilft nicht viel,
auch nicht, dass man marschiert.
Er kommt wie Lachen, Dank und Traum,
schon wenn man ihn probiert.

Man braucht zum Frieden Liebe,
natürlich auch Verstand,
und wo es was zu heilen gibt:
jede Hand.

Eva Rechlin

Friedensspiele

1 Habt ihr Lust, das zu spielen? Es gibt meistens mehrere Möglichkeiten, wie man Streit ohne Gewalt lösen kann. Überlegt und spielt:
Streit ums Fernsehprogramm, Streit um einen Gegenstand, Streit um die Schuldfrage bei einem Verkehrsunfall, Streit um Aufgaben in der Familie, Streit um ...
Wenn die Indianer Frieden schlossen, dann rauchten sie mit dem ehemaligen Gegner die Friedenspfeife, ein sichtbares Friedenszeichen. Welche Friedenszeichen fallen euch ein?

2 Friedensbrücken: Zwei Kinder stehen sich im Abstand von vier bis fünf Metern gegenüber. Zwischen ihnen ist ein Fluss, den sie durchqueren wollen, um Frieden zu schließen. Jedes Kind hat Bierdeckel oder Ähnliches. Das sind die Flusssteine, über die sie gehen können. Das 1. Kind ruft: „Was bietest du mir an?" Das 2. Kind antwortet z. B.: „Ich will freundlich zu dir sein!" Das 1. Kind: „Dann komm näher!" Das 2. Kind legt nun einen Stein in den Fluss und geht einen Schritt weiter. Dann ist das 2. Kind an der Reihe: „Was bietest du mir?" „Ich will dir gut zuhören." „Dann komm näher!" usw. – In der Mitte des Flusses geben sich beide zum Zeichen des Friedens die Hand.

3 Zwei Kinder malen gemeinsam auf einem großen Zeichenblatt eine Brücke. Das eine beginnt am linken Ufer, das andere am rechten. Irgendwo in der Mitte kommen beide Brückenteile zusammen.

4 Nimm in einer stillen Stunde zu Hause ein Zeichenblatt und male dich selbst in der Mitte. Drum herum, am Blattrand, male die Menschen, mit denen du zu-*frieden* bist. Nun verbinde dich mit den anderen durch bunte Regenbögen. Überlege, warum die bunt sein sollen. – Weil Gott einen Bund mit uns Menschen will, drücken die Maler das meist mit einem Regenbogen aus.

Kinderlied für den Frieden

Text: Rudolf Otto Wiemer
Melodie: Karl Heinz König

Kreistanz

Wir stellen uns im Kreis auf
und fassen uns an den Händen.

Wir gehen im Kreis 8 Schritte nach rechts.

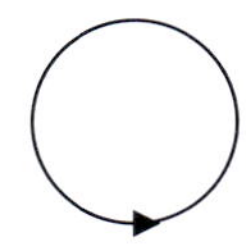

Dann gehen wir entgegengesetzt 8 Schritte nach links.

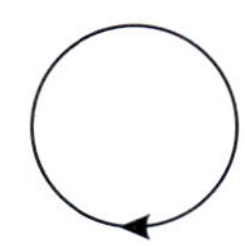

Jetzt gehen wir 8 Schritte zur Mitte.
Dabei heben wir langsam die Arme hoch, um in der Mitte alle gemeinsam mit unseren Händen eine Erdkugel anzudeuten.

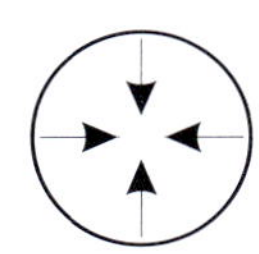

Nun gehen wir 8 Schritte rückwärts und senken langsam die Arme.

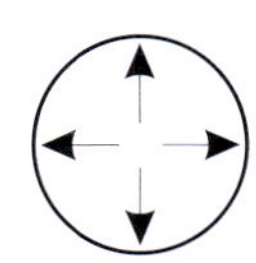

Der tapfere Ferdinand

Es war einmal in Spanien. Da lebte ein junger Stier. Der hieß Ferdinand. All die anderen jungen Stiere, mit denen er aufwuchs, liefen und sprangen den ganzen Tag umher und stupsten sich gegenseitig. Nicht so Ferdinand. Er saß am liebsten einfach ruhig da und schnupperte an den Blumen.
Im Laufe der Jahre nun wuchs Ferdinand heran, bis er groß und stark war. Die anderen Stiere, mit denen er aufgewachsen war, kämpften miteinander, tagaus, tagein. Sie wollten am liebsten abgeholt werden, um in der Arena in Madrid zu kämpfen.
Nicht so Ferdinand. Er saß noch immer am liebsten unter der Korkeiche und schnupperte an den Blumen. Seine Mutter fragte ihn dann: „Warum läufst du nicht umher und balgst dich mit den anderen jungen Stieren?“ Aber Ferdinand schüttelte nur den Kopf: „Mit gefällt es besser hier, wo ich die Blumen schnuppern kann!“ Da ließ die Mutter ihn gewähren und glücklich sein.

Die böse Hummel

Eines Tages tauchten fünf Männer auf, um für die Stierkämpfe in Madrid den größten, wildesten und schnellsten Stier auszusuchen. Die Stiere liefen schnaubend und sich stupsend umher und vollführten die verwegensten Sprünge. Die Männer sollten sie stark und fürchterlich finden und sie mitnehmen.
Nur Ferdinand nicht. Er machte sich nichts daraus. Er wollte sich unter seinen Lieblingsbaum setzen. Dabei gab er nicht Acht und setzte sich auf eine Hummel.
Wenn du eine Hummel wärst und ein Stier setzte sich auf dich – was würdest du dann tun? Du würdest ihn stechen. Und genau das tat die Hummel auch. Au! Tat das weh! Ferdinand sprang hoch. Wutschnaubend rannte er umher, stieß mit den Hörnern um sich und stampfte mit den Hufen. So erblickten ihn die fünf Männer und sie taten einen Freudenschrei. Dies war der größte und fürchterlichste Stier weit und breit. Gerade was sie brauchten für die Stierkämpfe in Madrid!
So nahmen sie Ferdinand mit.

Stierkampf verkehrt

War das ein Tag: Fahnen flatterten, die Musik spielte und die schönen Spanierinnen trugen Blumen im Haar.
Bald fand der Aufmarsch in die Arena statt: zuerst die Banderilleros, dann die Pikadores. Sie

wollten den Stier stechen und wütend machen. Zuletzt erschien der Matador. Er war der Stolzeste und meinte, er sei der Schönste. Um die Schultern trug er den roten Mantel. Mit seinem Degen wollte er den Stier töten.
Dann kam der Stier, du weißt wer: FERDINAND! Alle hatten Angst vor ihm und der Matador war starr vor Schreck.
Ferdinand lief mitten in die Arena und die Zuschauer jubelten und klatschten, denn sie glaubten, er werde fürchterlich kämpfen. Aber weit gefehlt! Ferdinand erblickte die Blumen im Haar der schönen Spanierinnen. Er setzte sich hin und schnupperte den Duft. Er dachte gar nicht daran zu kämpfen. Der Matador weinte vor Wut, weil er sich nicht aufspielen konnte mit rotem Tuch und Degen.

So mussten sie Ferdinand nach Hause bringen. Und wenn er nicht gestorben ist, dann sitzt er immer noch unter der Korkeiche und schnuppert einfach an den Blumen.
Er ist sehr glücklich.

Munro Leaf

Text: Rüdeger Lüders / Kurt Rommel
Melodie: Rüdeger Lüders

Hättest du nicht Lust, das Blatt schön zu verzieren?

11

Wir alle essen von einem Brot

Einsam oder gemeinsam?

Sie sitzt am gedeckten Tisch, sie ist die Erste. Sie isst aber noch nicht. Sie wartet auf die anderen. Sie klettert auf den Stuhl und steckt vielleicht den Finger in die Marmelade oder kostet von der Leberwurst, aber sie weiß genau, dass das eigentlich nicht richtig ist. Deshalb macht sie auch, wenn die Mutter aus der Küche kommt, das unschuldigste Gesicht der Welt. Sie weiß, ohne dass jemand es ihr gesagt hat: Essen ist eigentlich viel schöner, wenn alle da sind und alle gemeinsam essen. Sie weiß nicht, warum das so ist, und sie ist auch noch viel zu klein, um sich Gedanken darüber zu machen. Sie spürt nur: Es ist behaglicher, wenn sie alle, Mutts und Paps und die Geschwister, um den Tisch versammelt sind. Es ist ihr wohler. Es schmeckt besser, wenn es allen schmeckt.
Noch ist sie immer die Erste am Tisch. Aber sie kann sich gar nicht vorstellen, dass man auch ganz allein essen könnte. Weil bei ihnen zu Hause zu einem richtigen Essen nicht nur der große Tisch gehört, Messer und Gabel und Löffel, sondern Bruder und Schwester, Vater und Mutter und wer sonst noch gerade da ist und Hunger hat.

Kurtmartin Magiera

Wen möchtest du noch dazumalen?

Brot, das vom Himmel kommt

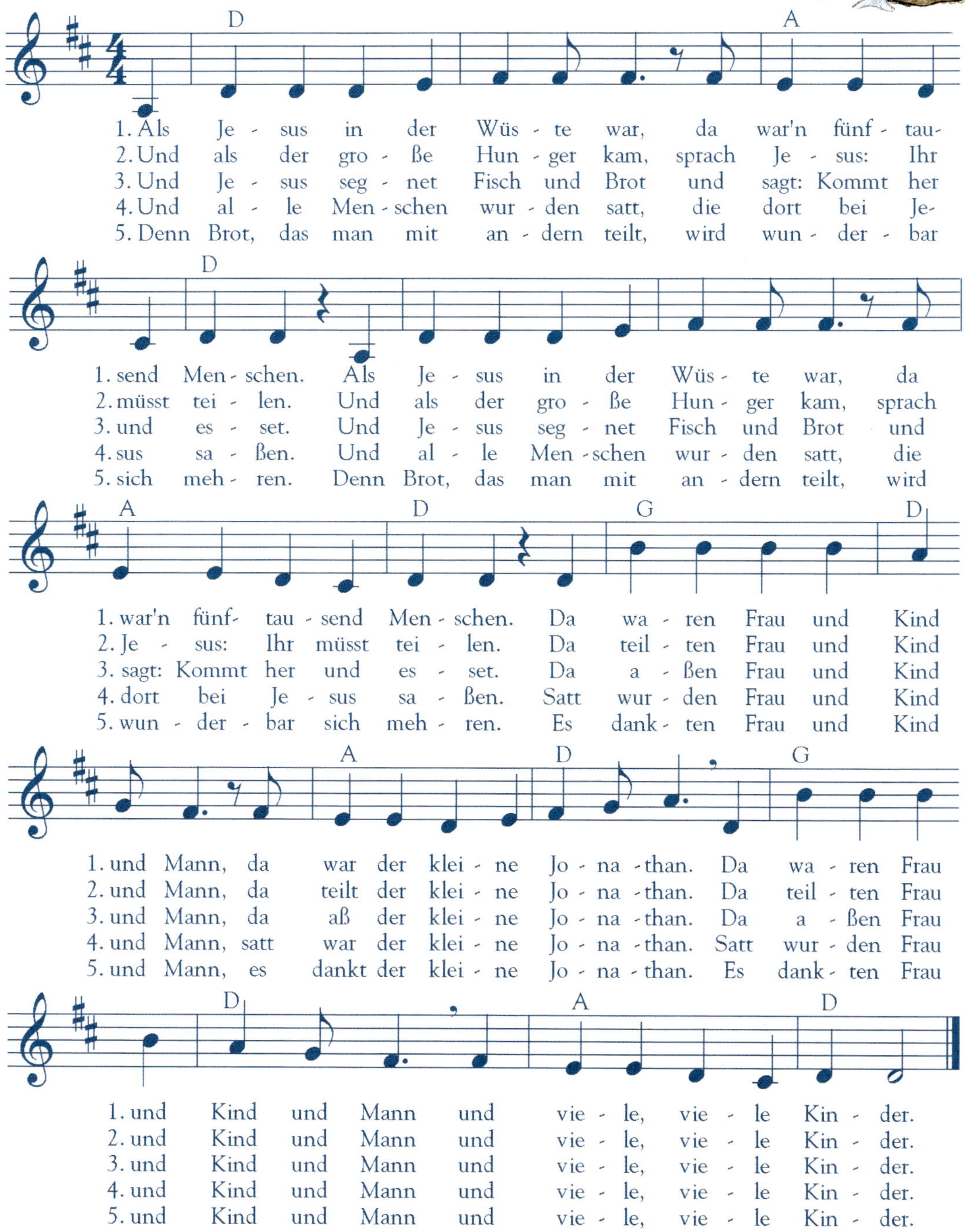

Text: Rudolf Otto Wiemer
Melodie: Ludger Edelkötter

Einmal hatte Jesus viele Menschen auf wundersame Weise satt gemacht. Dann war er fortgegangen, um ganz allein zu sein.

Am nächsten Tag suchen ihn die Leute. Sie finden ihn am Seeufer. Jesus weiß, warum sie kommen: „Ihr sucht mich doch nur, weil ihr gestern satt geworden seid. Aber nun hört mir gut zu: Es gibt ein Brot, das ist wichtiger als euer tägliches Brot. Das ist Brot von Gott. – Das tägliche Brot macht euern Magen satt, das Gottesbrot aber ernährt eure Seele." Die Menschen verstehen Jesus nicht. Sie fragen ihn: „Herr, was meinst du damit?" Jesus erklärt es ihnen: „Alles, was ich euch sage und für die Menschen tue, ist Nahrung für eure Seele; denn ich selbst bin das Brot für euch, das vom Himmel kommt, Brot des Lebens."

Nach Johannes 6,22-35

Jesus schenkt uns Brot des Lebens

Male auch deine Freunde und Freundinnen dazu!

Wir empfangen die Kommunion

Wer macht mit?

Die Erstkommunionfeier soll ein schönes Fest für die ganze Gemeinde werden. Viele sorgen dafür. Dabei könnt ihr mithelfen:

1 Die Kerzen verzieren: Dazu braucht ihr dünne Wachsblätter in verschiedenen Farben. Daraus könnt ihr mit einem scharfen Messer Symbole ausschneiden wie Weintrauben, Ähren, Brot und Fische, Kreuz ... Sie werden mit den Fingern einfach auf den Kerzen fest aufgedrückt.

2 Für Blumenschmuck sorgen: Jetzt findet ihr in den Gärten oder in freier Natur Frühlingsblumen. Damit könnt ihr schöne Sträuße stecken. Schön sind auch einfache Zweige mit Blüten oder Knospen. Alles Blühende des Frühlings zeigt, wie das Leben über den Tod siegt.

3 Bilder für den Altarraum gestalten: Gestaltet zusammen mit euren Eltern Bildplakate zu den Themen: „Brot und Wein" oder „Was alles in unserer Gemeinde geschieht" oder gestaltet einen Bildstreifen zu biblischen Geschichten, die euch in diesem Buch besonders gefallen haben.

4 Jesus sagt: „Ich bin der Weinstock, ihr seid die Reben. Wer mit mir verbunden bleibt, der bringt reiche Frucht." Wir wollen zeigen, dass wir zusammengehören und mit Jesus verbunden bleiben: Auf ein großes Plakat malt ihr einen Weinstock. Alle, die am Gottesdienst teilnehmen, bekommen ein kleines kreisrundes Stück Papier. Das habt ihr mit einem Trinkglas als Schablone aufgezeichnet und dann ausgeschnitten. Darauf schreibt jede und jeder den eigenen Namen. Dann klebt ihr alle Papierkreise als Trauben an euren Weinstock.

5 Kennt ihr schon die Messgeräte eurer Gemeinde? Wenn nicht, bittet den Pfarrer, dass er sie euch zeigt. Er wird euch manches dazu erzählen können. Auch lohnt sich einmal ein Familienausflug zu einer Schatzkammer oder einem Museum, wo kostbare alte Messgeräte oder handgemalte Messbücher aufbewahrt werden.

Gebete nach der Kommunion

Jesus, durch dein heiliges Brot sind wir
mit dir und untereinander verbunden.
Bleibe bei uns,
damit wir freundlich zueinander sind
und Frieden machen,
damit wir den Armen und Schwachen helfen
und Gerechtigkeit schaffen.
Jesus, bleibe bei uns,
damit Gottes Reich komme.

Jesus, ich verstehe noch nicht alles,
was ich von dir gehört habe.
Ich verstehe auch noch nicht alles im
Gottesdienst.
Aber das habe ich verstanden,
dass du mich gern hast
wie alle anderen Kinder auch.
Das will ich nie vergessen.

Jesus, du hast mich zu deinem Mahl
eingeladen.
Ich danke dir dafür.
Aber du hast nicht nur mich eingeladen.
Ich habe viele Menschen
am gemeinsamen Tisch gesehen:
alte und junge, fröhliche und traurige,
gesunde und kranke, reiche und arme.
Wir alle sind deine Gäste,
denn du hast uns ohne Unterschied lieb.

Herr, gib uns Augen,
die den Nachbarn sehen,
Ohren, die ihn hören und auch verstehen,
Hände, die es lernen, wie man hilft und heilt,
Füße, die nicht zögern, wenn die Hilfe eilt,
Herzen, die sich freuen, wenn ein andrer lacht,
einen Mund zu reden, was ihn glücklich macht.
Dank für alle Gaben, hilf uns wachsam sein.
Zeig uns, Herr, wir haben nichts für uns allein.

Aus Neuseeland

Der Herr ist mein Hirte.
Nichts wird mir fehlen.
Er weidet mich auf saftigen Wiesen
und führt mich zu frischen Quellen.
Er gibt mir neue Kraft.
Er leitet mich auf sicheren Wegen,
weil er der gute Hirte ist.
Und geht es auch durch dunkle Täler,
fürchte ich mich nicht,
denn du, Herr, bist bei mir.
Du beschützt mich mit deinem Hirtenstab.

Gott, unser Vater, hat uns Menschen Hände geschenkt, kleine und große, schmale und breite, weiche und feste.
Dank dafür.
Unsere Hände können wir einander reichen,
dann sind wir miteinander verbunden.
Unsere Hände können uns führen
und stützen.
Unsere Hände können uns festhalten
und loslassen.
Unsere Hände können uns schlagen und
zärtlich streicheln.
Unsere Hände können uns verletzen
und heilen.
Unsere Hände können zerstören und wunderbar gestalten.
Mit unseren Händen können wir beten.
Jesus,
in unseren Händen empfangen wir die
heilige Kommunion
und werden so mit dir und untereinander
verbunden.
Dafür danken wir.

Kommunionlied

Text und Melodie: Karl Heinz König

2. Und wenn wir davon essen,
ob groß, ob klein, ob arm, ob reich,
wie könnten wir vergessen,
dass Gottes Liebe uns erreicht.

3. Wir alle sind Geschwister,
ob weiß, ob schwarz, ob gelb, ob rot,
und sollen immer wieder
gemeinsam teilen Freud und Not.

Köpfchen
Köpfchen!

Tragt in die Welt
nun ein Licht

Oft ist es ***Nacht*** *in der Welt*

Hunger! Kinder vor leeren Schüsseln! Der Krieg lässt sie verhungern und zu Grunde gehen. Anderswo ist es die Dürre, die ein armes Land überfällt. Und wieder anderswo ist es böser Reichtum, der nichts hergeben will.

Diese Kinder lieben ihr armes Leben, so wie ihr euer gesichertes Leben liebt und nicht hergeben wollt. Sie lieben den aufkommenden Morgen und die untergehende Sonne, den Fluss und die Berge, die Straßen und die schnellen Autos, die ihnen nicht gehören. Sie wollen leben, aber für sie reicht es nicht. Soll es ewig nur für uns reichen? Welches Recht haben wir eigentlich, besser zu wohnen, besser gekleidet, besser genährt zu sein und bessere Schulen zu haben? Fragt eure Eltern, fragt eure Priester, fragt eure Lehrer. Fragt alle, die ihr fragen könnt, was wir Christen tun ... Fragt, Kinder, öffnet eure Sparbüchsen, schreibt eure Wunschzettel um, werdet selbst ein Stück Brot für die Armen in der Welt.

Kurtmartin Magiera

Wann beginnt der Tag?

Ein Rabbi fragt seine Schüler, wann die Nacht aufhöre und der Tag beginne.
Einer der Schüler antwortet: „Beginnt der Tag, wenn man einen Zwetschgenbaum von einem Pfirsichbaum unterscheiden kann?" Der Rabbi verneint.
Ein zweiter Schüler antwortet: „Beginnt der Tag, wenn man einen Esel von einem Hund unterscheiden kann?" Wieder verneint der Rabbi. Darauf drängen die Schüler den Rabbi: „Sag uns doch die richtige Antwort. Wann hört die Nacht auf und wann beginnt der Tag?" Der Rabbi antwortet: „Die Nacht hört auf, wenn du in ein menschliches Gesicht schaust, und es wird heller Tag, wenn du in diesem Gesicht deinen Bruder oder deine Schwester erkennst."

Jüdische Legende

Ich habe euch ein Beispiel gegeben!

Es war vor dem Paschafest.
Jesus feiert mit seinen Freunden ein Mahl. Beim Essen steht er auf. Er gießt Wasser in eine Schüssel. Er bindet sich ein Tuch um. Dann wäscht er seinen Freunden die Füße – wie ein Diener. Er kommt zu Petrus. Der ruft: „Herr, du willst mir die Füße waschen, niemals!“ Jesus sagt zu ihm: „Petrus, ich muss das tun. Sonst gehörst du nicht zu mir.“ Dann schaut Jesus seine Freunde an: „Versteht ihr, was ich getan habe? Ich habe euch ein Beispiel gegeben. Ich, euer Herr und Meister, habe euch die Füße gewaschen wie ein Diener. So sollt auch ihr tun, wie ich an euch getan habe.“

Nach Johannes 13,1-15

Spiele, in denen wir anderen Gutes tun

1 Stell dir vor, du hast eine lange Wanderung hinter dir. Dir tun die Füße weh. Sie sind ganz verschwitzt, schmutzig und müde. Du suchst dir jetzt ein Kind, das dir die Füße waschen soll: Es bereitet das Fußbad vor, wäscht dir die Füße, trocknet sie ab und reibt sie behutsam mit Fußcreme ein. Spürst du ein wenig, wie deine Füße »sich erholen«, wie gut dir das tut?

3 Der stärkere Mensch ist gut zu dem schwächeren, so wie es auch Jesus mit der Fußwaschung zeigen wollte. Stell dir vor: Peter wiederholt die Klasse. Am ersten Tag nach den Ferien steht er an der Klassentür. Einige zeigen mit Fingern auf ihn und machen Witze. Du aber gehst auf ihn zu, um ihm zu helfen ... Spielt das im Rollenspiel. Fallen euch noch ähnliche Spiele ein?

2 Oft meckern wir an anderen Kindern herum. Jetzt aber wollen wir in einem Spiel einmal sagen, was uns gut an anderen gefällt: Klebt euch hierzu gegenseitig einen Papierbogen auf den Rücken und nehmt einen Filz- oder Wachsmalstift in die Hand. Nun geht ihr ruhig durch den Raum, vielleicht bei schöner Musik. Immer, wenn ihr einem Kind begegnet, schreibt ihr auf sein Blatt, was ihr an ihm mögt, z. B. „blaue Augen", „Freundlichkeit", „Hilfsbereitschaft", „gut Fußball spielen" ... Nach einer Weile nimmt jedes Kind den eigenen Papierbogen vom Rücken und liest die Stichwörter vor und darf auch sagen, wie es das findet.

Ausgestreut wie Samenkörner

Die Pusteblume

sieht aus wie ein Ball aus lauter
kleinen Sternen.
Und wenn der Wind bläst,
dann fliegen sie wie ein Feuerwerk
in die Luft.
Die Samenkörner segeln wie
Fallschirme zur Erde.
Jedes Samenkorn findet seinen Platz,
will eine neue Pusteblume werden.

Das können wir auch spielen:
Ihr seid alle Samenkörner und *hockt*
zusammen am Stängel.
Den *umklammert* ihr und *haltet* euch
ganz fest.

Dann bläst der Wind.
Alle Samenkörner *reißen* sich los,
tanzen durch die Luft
und *schweben* zur Erde nieder.
Jetzt *findet* ihr Samenkörner *einen Platz* auf dem Boden, das eine hier, das andere dort.
Bald *ruht* ihr in der Erde, warm und gut.
Ihr *spürt* den Regen und den Schnee,
bis die Frühlingssonne euch aufweckt.
Jedes Samenkorn *reckt* und *streckt* sich,
beginnt zu wachsen zu einer neuen Pflanze,
beginnt zu *blühen* und wird eine neue Pusteblume.

So kann das Spiel wieder von vorne beginnen und es werden immer mehr Pusteblumen.

Da sitzt Jesus. Er sitzt wie auf einem Thron unter einem Baum. Sein Gesicht ist ernst. Mit seiner rechten Hand zeigt er auf eine Gruppe von zwölf Männern. – Die Gesichter der Männer sind gespannt, als ob sie lauschen. Sie hören Jesus aufmerksam zu. Einige breiten die Arme aus. Mit den Ohren, mit den Armen, mit dem Herzen nehmen sie auf, was Jesus ihnen sagt. Es scheint eine wichtige Botschaft zu sein, so sehr sind sie bei der Sache. Ihre Köpfe sind zusammengedrückt wie Samenkörner in einer Samenkapsel, die gleich aufbrechen will. Die Botschaft Jesu hat sie erfasst und wird sie wie ein Wind in alle Welt hinauswehen: „Ich sende euch in alle Welt. Erzählt, was ihr gesehen und gehört habt! Erzählt von der Liebe Gottes!"
Was meinst du?
Was werden sie erzählen?
Was werden sie tun?

Wir gehen in Frieden

P Der Herr segne und behüte euch.
Er lasse sein Antlitz über euch leuchten
und sei euch gnädig.
Es segne euch der allmächtige
und barmherzige Gott,
+ der Vater und der Sohn
und der Heilige Geist.

A Amen.

P Gehet hin und bringt Frieden.

A Dank sei Gott, dem Herrn.

Herr, bleibe bei uns

Jesus wurde gefangen genommen, verurteilt und getötet. Seine Jünger sind traurig und niedergeschlagen. Sie wissen nicht, wie es weitergehen soll. Alles ist unklar. Unklar malte deshalb auch der Maler dieses Bild. Aus einer Stadt im Hintergrund kommt ein Weg auf uns zu. Er öffnet sich weit. Ganz vorne entdecken wir drei Gestalten. Zwei davon sind noch dunkel, unklar und verschwommen, eine ist ganz hell leuchtend. Sie steht direkt unter der Sonne. Von ihr und der Sonne breitet sich Licht aus über das ganze Bild. Es ist ein warmes Licht, das die dunklen Farben durchbricht.
Die drei Gestalten sind die Jünger von Emmaus und Jesus. Der erklärt ihnen alles, was in Jerusalem geschehen ist. Erst spät erkennen sie ihn daran, wie er im Gasthaus das Brot bricht und mit ihnen teilt. Als er ihren Augen entschwindet, da erinnern sie sich: „Brannte nicht das Herz in uns, als er unterwegs mit uns redete?“ Nun wissen sie: Der Herr ist mit uns auf dem Weg, allezeit. Und wir wissen es jetzt auch.

Das Fest meiner

Zur Erinnerung: Fotos, Tisch- und Glückwunschkarten, Bilder einkleben oder malen!

Erstkommunion

Gotteslob 473

2. Mir armem Gast bereitet hast das reiche Mahl der Gnaden.
   Das Lebensbrot stillt Hungersnot, heilt meiner Seele Schaden.
   Ob solchem Gut jauchzt Sinn und Mut mit all'n, die du geladen.
3. O Herr, verleih, dass Lieb und Treu in dir uns all verbinden,
   dass Hand und Mund zu jeder Stund dein Freundlichkeit verkünden,
   bis nach der Zeit den Platz bereit an deinem Tisch wir finden!

Hast du nicht Lust, dieses Liedblatt schön zu verzieren?

13

Wir alle sind Geschwister

Das Leib-Glieder-Spiel

Die Kinder von der Bachstraße spielen das „Leib-Glieder-Spiel“. Das geht so:
Sie malen ein Ohr, ein Auge, eine Nase, einen Mund, eine Hand und einen Fuß groß auf ein Blatt Papier. Sie schneiden die Bilder aus und legen sie vor sich auf den Tisch.
Alle sind ganz entspannt; denn Frau Baumann fragt jede und jeden Einzelnen, welchen Körperteil sie oder er spielen will. Es geht heiß zu. Drei auf einmal möchten Auge sein. Peter sagt: „Ich esse und erzähle gern. Ich bin der Mund.“ „Das Ohr ist viel wichtiger!“, ruft Anne. Schließlich einigen sie sich. Jedes Kind hängt sein Bild um.
Die Kinder fassen sich alle an. Sie spielen: „Wir gehen über die Straßenkreuzung.“ Das Auge sieht Rot und befiehlt: „Stehen bleiben!“ „Brrrum, brrum, brrrum – ich höre Motorgeräusche!“, ruft das Ohr. „Aufpassen und nicht reden!“, sagt der Mund. Dann ruft das Auge: „Achtung – Grün!“ „Schnell, kommt rüber!“, rufen die Füße und ziehen den ganzen Kreis hinter sich her.
„Noch lustiger wird es, wenn einer streikt, das Auge oder das Ohr!“, meint Anne. „Oder sogar gefährlich“, sagt Frau Baumann nachdenklich. „Tolle Idee!“, rufen die Kinder. Und sie spielen einmal, wie das Auge streikt, dann das Ohr. Peng, da gibt es jedes Mal einen gewaltigen Verkehrsunfall. Alle fliegen auf die Nase.
Es gibt noch andere Szenen, die ihr ausdenken und selbst spielen könnt. Viel Spaß dabei!

Ein Leib – viele Glieder

Man kann die Gemeinde Christi mit einem Leib vergleichen, der viele Glieder hat. Obwohl er aus so vielen Teilen besteht, ist der Leib doch einer.

Ein Körper besteht nicht aus einem einzigen Teil, sondern aus vielen Teilen. Wenn der Fuß erklärt: „Ich gehöre nicht zum Leib, weil ich nicht die Hand bin," – hört er damit auf, ein Teil des Leibes zu sein? Oder wenn das Ohr erklärt: „Ich gehöre nicht zum Leib, weil ich nicht das Auge bin," – hört es damit auf, ein Teil des Leibes zu sein? Wie könnte ein Mensch hören, wenn er nur aus Augen bestünde? Das Auge kann nicht zur Hand sagen: „Ich brauche dich nicht!" Und der Kopf kann nicht zu den Füßen sagen: „Ich brauch euch nicht!" Wenn irgendein Teil des Körpers leidet, dann leiden alle anderen mit ihm. Und wenn irgendein Teil geehrt wird, freuen sich die anderen mit. Alle Glieder sollen einträchtig füreinander sorgen.

So sollen auch in der Gemeinde Jesu alle zusammenwirken wie die verschiedenen Glieder des Leibes.

Nach dem 1. Korintherbrief 12,12-18

Pablo aus El Salvador schickte die
Zeichnung von einem Maiskolben.
Die vielen Maiskörner
werden darin zusammengehalten.
Alle gemeinsam bilden einen Körper.
Jedes Korn trägt seinen Teil dazu bei.
Das steht auch darunter:
Juntos como los granos de choclo.
Das heißt :
Zusammenhalten wie die Körner
des jungen Maiskolbens!
So soll auch die Gemeinschaft
der Christen
zusammenhalten
in Freude und Leid.

Pfiffige Gemeindereporter

Wir erzählen aus unserer Gemeinde

Kinder aus aller Welt warten auf uns. Kontaktadressen: Misereor Adveniat Missio
Ideenmarkt der Kinder der Gemeinde
Wer will Messdiener werden?
Kindertreffen 1 x im Monat
Jugendgruppe 10-12 jährige 12-14 "
Patenschaften gesucht
Pfarrgemeinderatssitzung mit und für Kinder
Eine Seite für Kinder im Pfarrbrief
Zeltlager in den Sommerferien

Beispiele aus anderen Gemeinden

Andere Lieder wollen wir singen ...

... und deshalb gibt es für euch Kinder regelmäßig einen eigenen Wortgottesdienst in der Seitenkapelle, jeden 1. Sonntag im Monat. Wir freuen uns auf euch!

Als wenn ich sieben Geschwister hätte ...

Spielkreise für Kinder
von 6 bis 10 Jahren
im Kardinal-Volk-Haus
Ansprechpartnerin:
Babara Schulz

Uns geht es um das ganze Leben, nicht nur um seine Sonnenseite!

Der Tod gehört dazu – und damit Trennung und Abschied von einem lieben Verstorbenen. Auf diesem oft schwierigen inneren Weg wollen wir Sie nicht allein lassen und bieten eine Trauerbegleitung an.

Ansprechpartnerin: Angelika Weiß

Einladung zur Stille

Der Pfarrgemeinderat von St. Laurentius hat beschlossen, das Hauptportal der Kirche zum Markt hin so lange offen zu halten, wie es draußen hell ist. Viele Passanten nehmen diese Einladung zum Ausruhen, zur Besinnung oder zum Beten gerne an.

Heiligabend zusammen

Wer den Hl. Abend mit einsamen Menschen feiern möchte, ist herzlich eingeladen von 18–21 Uhr ins Pfarrheim zu kommen.

Anmeldung im Pfarrbüro.

Messdiener/in werden

Etwa ein halbes Jahr nach der Erstkommunion werden im Altenberger Dom die Jungen und Mädchen der Kommunionkinder, die Messdiener/innen werden wollen, in einem feierlichen Sonntagsgottesdienst für den Dienst am Altar eingekleidet.

Ein Gang durch die Gemeinde

Spielregeln

Wer die kleinste Zahl gewürfelt hat, darf beginnen.

1 Der Weg durch die Gemeinde ist lang; du darfst noch einmal würfeln.

2 Besuch im Kindergarten; du bekommst zum Abschied zu deinen gewürfelten Punkten noch 2 dazugeschenkt.

3 Der Organist ist bei der Orgelprobe; du hörst zu: 1 × aussetzen.

4 Du hilfst den Pfarrbrief austeilen, das dauert etwas länger, deshalb 1 × aussetzen. Beim nächsten Mal beeilst du dich und gehst zu deinen gewürfelten Punkten noch 3 Felder weiter.

5 Vorbereitungskreis „Kindergottesdienst"; du lässt alle Kinder aussetzen, weil schöne Lieder gesucht werden. Wer ein Lied vorschlägt, darf 2 Felder vorrücken und würfeln zum Weiterspielen.

6 Du besuchst eine Jugendgruppe; du nimmst den Spieler oder die Spielerin hinter dir mit, er oder sie darf bis zu deinem Feld vorrücken.

7 Du begleitest den Pfarrer bei den Krankenbesuchen; du darfst noch einmal würfeln.

8 Du besuchst ein Altenheim und nimmst etwas Schönes mit: Du „verschenkst" deine gewürfelten Punkte an die Kinder, die noch hinter dir sind.

9 Ein Pfarrfest wird vorbereitet, gute Tipps sind gesucht; alle eine Pause zum Mitdenken einlegen und 1 × aussetzen. Jedes Kind, das gute Tipps bringt, darf 4 Felder vorwärts.

10 Die Letzten werden die Ersten sein! Alle, die hinter dir sind, dürfen 5 Felder vorrücken.

11 Du kommst zu spät zur Gruppenstunde, alle warten auf dich; dafür bietest du deinen Mitspielern und -spielerinnen deine gewürfelten Punkte an.

12 Hier verpasst du deinen Weg und biegst nach rechts ab. Dein linkes Nachbarkind hilft dir und gibt dir 2 von seinen Punkten ab.

2
3
5
4
SENF
9
8
10
11

Alle Knospen springen auf

Text: Wilhelm Willms / Melodie: Ludger Edelkötter

4. Alle Stummen hier und da fangen an zu grüßen.
Alle Mauern tot und hart werden weich und fließen.
Stumme grüßen – Mauern fließen. / Augen sehen – Lahme gehen.
Menschen teilen – Wunden heilen. / Knospen blühen – Nächte glühen.

Liebe Eltern!

Sie haben Ihr Kind beim Eintritt in Kindergarten und Schule mit besonderem Interesse begleitet. Nun steht wieder ein neuer, wenn auch anderer Abschnitt im Leben Ihres Kindes bevor: die Vorbereitung auf die Erstkommunion. Und wieder erwartet das Kind, dass es vieles von dem, was es dabei erlebt und erfährt, mit Ihnen gemeinsam entdecken, teilen und tun kann.

Vielleicht freuen Sie sich schon darauf, vielleicht macht Ihnen das aber auch Schwierigkeiten. Das ist verständlich, denn unterschiedlich sind unsere Erfahrungen mit unserer eigenen religiösen Erziehung. Sie können positiv wie negativ sein. Unterschiedlich sind auch unsere Lebens- und Familiensituationen. Vielleicht ist manchen auch aus den verschiedensten Gründen das Leben in der Gemeinde und damit auch der Gottesdienst fremd geworden.

Gemeinsam ist aber vielleicht der Wunsch, Verbindung mit Gott zu suchen und Ihr Kind in der Hand Gottes geborgen zu wissen. Gemeinsam ist wohl auch der Wunsch, mit Ihrem Kind ein schönes Fest der Erstkommunion zu feiern. Sonst würden Sie sicherlich Ihr Kind nicht zur Vorbereitung schicken. Was Erstkommunion bedeutet, darum geht es in der Vorbereitung. Lesen Sie dazu auch das Vorwort an die Kinder. Hinweisen möchten wir Sie auf das Elternheft, das wir für Sie ergänzend geschrieben haben: »Tut dies zu meinem Gedächtnis. Mütter und Väter begleiten ihre Kinder auf dem Weg zur Erstkommunion«.

Wir möchten Sie einladen, mit Ihrem Kind Jesus wieder zu entdecken und vielleicht neu zu erfahren, was er uns heute zu sagen hat. Das vorliegende Kinderbuch will Ihrer Tochter, Ihrem Sohn auf kindgemäße Weise Anregungen geben, sich auf diesen Jesus einzulassen.

Der rote Faden, der sich durch die dreizehn Kapitel des Kinderbuches zieht, ist der Verlauf der Messe. Das Kind soll den Zusammenhang zwischen den Elementen der Messfeier und seinen eigenen alltäglichen Erfahrungen und Bedürfnissen entdecken. Dabei möchte das Kinderbuch eben auch Sie, liebe Eltern, ansprechen, mit Ihrem Kind gemeinsam auf Entdeckungsreise zu gehen. Ihr Kind wird Ihnen dankbar sein, wenn Sie mit ihm zusammen neue Wege und Möglichkeiten suchen, als Christin oder Christ in unserer Zeit zu leben.

Die Autoren

Tipps für Kinder und Erwachsene

Die Autoren des vorliegenden Werkbuchs
„Tut dies zu meinem Gedächtnis“
haben weitere hilfreiche Bücher für die Zeit der Erstkommunion und danach verfasst:

Hermine König/Karl Heinz König
Wenn einer mit mir geht –
Mein Erinnerungsbuch zur Erstkommunion
64 Seiten. Gebunden. Durchgehend farbig illustriert.
ISBN 3-466-36515

Zwei Kinder aus der Zeit Jesu berichten in diesem Buch spannend von ihren Erlebnissen mit Jesus, ansprechend kindgemäß illustriert. – Eigene Fotos und Texte des Kommunionkindes halten die Erinnerung wach an ein schönes, bedeutendes Fest.

Hermine König (Hrsg.)
Geschichtenbuch Erstkommunion
192 Seiten. Farbige Illustrationen.
Halbleinen. Leseband
ISBN 3-466-36588-0

Das Geschenkbuch zur Erstkommunion und für die Zeit danach – mit vielen spannenden Geschichten und schönen Gedichten.

Karl Joseph Klöckner/Karl Heinz König
beten – singen – feiern
Ein Gebet- und Messbuch für Kinder
120 Seiten. Zahlreiche farbige Abbildungen
ISBN 3-466-36605-4

Das Gebetbuch für die Kinder während und nach der Zeit der Erstkommunion. Für die heilige Messe und viele andere Gelegenheiten.

Text- und Bildnachweis

15 T/M: Kurt Rommel, Strube-Verlag GmbH, München/Berlin
16 T der 1. Strophe/M: nicht zu ermitteln, T der 2. Strophe: Karl Heinz König, Bergisch Gladbach
19 Miniatur aus dem Stuttgarter Psalter, um 820/830, Württ. Landesbibliothek, Cod. bibl. fol. 23, 37r
20 Emil Nolde (1867-1956), Christus und die Kinder, 1910, Öl auf Leinwand, 86,5 x 106,5 cm, Museum of Modern Art, New York, Wvz Urban 350 © Nolde-Stiftung, Seebüll
23 Vatikanisches Museum, Foto: Karl Heinz König, Bergisch Gladbach – T: Liturgie/ M: Karl Heinz König, Bergisch Gladbach
24 in: Hubertus Halbfas, Der Sprung in den Brunnen, Patmos-Verlag, Düsseldorf 1981 (einer frz. Legende nacherzählt)
26 Anne d'Arcy, in: Beten, das ist mit Gott sprechen, Patmos-Verlag, Düsseldorf 1979
29 Geburtstag verkehrt: Quelle unbekannt – Marieluise Bernhard-von Luttitz, in: dies., Bumfidel bleibt Bumfidel (rororo-rotfuchs 131), Rowohlt-Taschenbuch-Verlag, Reinbek
30 Foto: KNA-Bild, Bonn – dpa, Frankfurt – Foto: KNA-Bild, Bonn
32 Foto: Alexander Glaser, Leverkusen
33 Chor des Altenberger Doms (1259-1379), Foto: Arved von der Ropp, 83355 Grabenstätt – Madonna im Blumenschmuck, Altenberger Dom, Foto: Oswald Kettenberger © Altenberger Dom-Laden 4/85
40 Foto: Gabriele Klöckner, Geldern
42 T: Diethard Zils nach Psalm 95 /M: Kol Dodi nach einem Volkslied aus Israel, T: © Gustav Bosse Verlag, Kassel / M: Autor und Acum, Ramat Gan, Israel
43 Marc Chagall (1887-1985), Am Anfang schuf Gott, Chorfenster in St. Stephan, Mainz, Foto: Kunstverlag Maria Laach, Nr. 5323 © VG Bild-Kunst, Bonn 2005
44 Marc Chagall, Moses erhält die Tafeln des Bundes (Detail), 1950/52, Verve-Bibel, Nizza © VG Bild-Kunst, Bonn 2005
45 Illustration: Brigitte Smith, München
46 Günter Käning, in: Gute-Nacht-Geschichten, Franz Schneider Verlag, München
47 Foto: Christa Pilger-Feiler, München (li. o.)
48 T: Liturgie /M: Peter Janssens, in: Ein Halleluja für dich, 1973 © Peter Janssens Musik Verlag, Telgte-Westfalen
49 T: Gustav Lohmann, 1962/ M: Hans Puls, 1962 © Gustav Bosse Verlag, Kassel
50 B. Bordes-Cronin, Es tut mir Leid, Lahn-Verlag, Limburg/ Kevelaer 1999 – Marlis Lunkenbein, Wir sind eine Familie, Weltbild-Verlag, Augsburg 1993
51f Oscar Wilde, in: Märchen und Erzählungen. Dt. v. Josef Thanner, Artemis und Winkler Verlag, München (gekürzt)
58 Fotos: Barbara Peacock, Getty Images, München (u.) – Karl Heinz König, Bergisch Gladbach (o.),
60 Salvador Dalí (1904-1989) © Salvador Dalí. Foundation Gala-Salvador-Dalí/VG Bild-Kunst, Bonn 2006
62 T/M: nach Insbruck 1640
64 Schutzmantelmadonna in Markdorf, Bodensee, um 1450, Foto: Karl Heinz König, Bergisch Gladbach
66 Antoine de Saint-Exupéry, in: Ders., Wind, Sand und Sterne. Dt. v. Henrik Becker, Karl Rauch Verlag, Düsseldorf 1956 (nacherzählt)
67 Foto: Alfons Keuter, Verlag der Oblaten, Mainz (li. o.) – Foto: Ute Glaser, Kürten (re. o.) – in: Wasser ist Leben, Misereor Aachen, S. 70 (re. m.) – Foto: PA/dpa/EPA/Bothma (li. u.)
68 in: Speculum humanae salvationis, Detail fol. 228r (u. li.), Detail fol. 35r (o. re.), Österreichische Nationalbibliothek, Wien, Foto: Karl Heinz König, Bergisch Gladbach
69 Foto: Pfr. Heinrich Hoesen, Bergisch Gladbach – T: Lothar Zenetti, 1971/ M: Erna Woll, 1971, Fidula Verlag, Boppard/Rhein
70 Pohl/present, Essen
71 Fotos: Heinrich Zumbrunn, Verlag der Oblaten, Mainz (re. o.) – KNA-Bild, Bonn (li. o.) – Present, Essen (Voss, li. m.) – Present, Essen (Herzog, li. u.) – Present, Essen (Stein, re. u.)
73 Foto: KNA-Bild, Bonn
74 Foto: Ilse Weidenbacher, München
75 Foto: Hildegard Meier, Köln
76 T: Nach Jesaja 60,1/M: Kommunität Gnadenthal, Präsenz-Verlag, Gnadenthal

78 Wilhelm Busch, in: Damit uns Erde zur Heimat wird. Gedichte (Orig. Überschrift: Das Brot)
81 Foto: KNA-Bild, Bonn
82 Foto: Inge Weber, Fußgönheim
83 Nach Dora Hecker, in: Damit uns Erde zur Heimat wird, Bayerischer Schulbuchverlag 1967
86 T/M: Liturgie
88f Kinderzeichnungen, Fotos: Karl Heinz König, Bergisch Gladbach
91 Jesus heilt zehn Aussätzige, Miniatur aus dem Echternacher Codex, fol. 54r. Foto: Germanisches Nationalmuseum, Nürnberg
98 Berufsfeuerwehr, Köln (re. u.)
99 Foto: Alois Krammer, Graz – T/M: Heinz-Georg Surmund, KiMu Kinder Musik Verlag GmbH, 42555 Velbert
100 Leidensgeschichte Christi in 20 Bildern, Detail: Abendmahl, Kölnisch, um 1425-40, Wallraf Richartz Museum, Köln, WRM 760, Foto: Rheinisches Bildarchiv, Köln
102 T: Christoph von Schmid, 1807/ M: Melchior Vulpius, 1609
103 Salvador Dalí (1904-1989) © Salvador Dalí. Foundation Gala-Salvador-Dalí/VG Bild-Kunst, Bonn 2006
104 Fotos: Publik Forum 8/04, S. 67 und S. 27; Betzelt/Misereor Aachen; Publik Forum 2/05, S. 13 und III; 8/03, S. 35; 3/05, S. 77 - Kösel-Archiv
105 Der Engel der Auferstehung, Reichenauer Perikopenbuch, um 1000, Buchmalerei, Herzog August Bibliothek, Wolfenbüttel, Cod. Guelf. 84,5 Aug. 2o, 42v
110 Elisabeth Heck, in: Kurze Geschichten zum Vorlesen und Nacherzählen im Religionsunterricht, Bd. 2, Ernst Kaufmann/ Kösel-Verlag, Lahr/München 1981
111 Ellen Mertke, in: J. Singldinger (Hg.), Lieder gegen den Krieg, Wilhelm Heyne Verlag, München (gekürzt)
112 August Macke (1887-1914) /Franz Marc (1880-1916), Paradies, 1912, Öl/Wandverputz, 398/342 x 181 cm, Westf. Landesmuseum für Kunst und Kulturgeschichte, Münster, Inv. Nr. 1608 LM
115 Hans Manz, in: ders., Umkehrung. Frieden mehr als ein Wort (rororo-rotfuchs 287), Rowohlt-Verlag, Reinbek 1982 – Eva Rechlin, Schönau/ Königssee
117 Pablo Picasso (1881-1973), Tanz der Kinder. Studie zu »Der Frieden«, Tusche © Succession Picasso/ VG Bild-Kunst, Bonn 2005 – T: © Rudolf Otto Wiemer, Rechte beim Urheber/ M: Karl Heinz König, Bergisch Gladbach
118f Munro Leaf, Ferdinand, der Stier, Diogenes Verlag, Zürich ^{6}1980 (gekürzt)
120 T: Rüdeger Lüders u. Kurt Rommel/ M: Rüdeger Lüders © Gustav Bosse Verlag, Kassel
122 Kurtmartin Magiera, in: ders., Sakrament Brot, Verlag Butzon & Bercker, Kevelaer 1970 (Orig. Übeschrift: Nicht nur der große Tisch) – T: Rudolf Otto Wiemer / M: Ludger Edelkötter, KiMu Kinder Musik Verlag GmbH, 42555 Velbert
125 Die Speisung der 5000, Escorialensis, akg-images, Berlin
126 Miniatur aus dem Purpurcodex von Sinope in Syrien, um 550 n. Chr.
127 Foto: Gabriele Klöckner, Geldern
129 in: Johanna Klink, Jesus, ich versteh noch nicht alles, Patmos-Verlag, Düsseldorf 1974 – Ein Lied König Davids, Brunnen Verlag, Basel 1993
130 T/M: Karl Heinz König, Bergisch Gladbach
132 Käthe Kollwitz (1867-1945), Deutschlands Kinder hungern, 1924, Kreidelithografie, Käthe-Kollwitz-Museum, Berlin © VG Bild-Kunst, Bonn 2005 – Kurtmartin Magiera, in: ders., Sakrament Brot, Verlag Butzon & Bercker, Kevelaer 1970 (gekürzt; orig. Überschrift: Ein Kind stirbt)
133 Jüdische Legende: Quelle nicht zu ermitteln – Kösel-Archiv
134 Fußwaschung, 1130, bemaltes Holz, älteste romanische Kirchendecke, St. Martin in Zillis, Graubünden/Schweiz, Foto: Beuroner Kunstverlag, Beuron
134 Foto: KNA-Bild, Bonn
137 Bernwardsäule, Hildesheim (Ausschnitt), Foto: Ewald Breloer, Hildesheim
138 Foto: Oliver Tripp, Kerpen
139 Georges Rouault (1871-1958), Paysage biblique, um 1956 © VG Bild-Kunst, Bonn 2006
142 T: nach Joh. Englisch + 1577, Fassung Fr. Spitta 1852 / M: Straßburg 1530
149 Foto: Simon Jost, Altenberg
152 Foto: Karl Heinz König, Bergisch Gladbach
153 T: Wilhelm Willms/ M: Ludger Edelkötter, KiMu Kinder Musik Verlag, 42555 Velbert –

Alle Fotos, sofern nicht anders angegeben: Peter Wirtz, Dormagen

2. Auflage 2006

Umschlag: Kaselow Design, München
Umschlagmotiv und Illustrationen:
Peter Schimmel, München
Druck und Bindung: Appl, Wemding
Printed in Germany

ISBN-10: 3-466-36687-9
ISBN-13: 978-3-466-36687-3

www.koesel.de